I0567501

BESTACTIVITYBOOKS.COM

PRIMA EDIZIONE 2022

Illustrazione Grafica Extra: www.freepik.com
Grazie a Alekksall, Starline, Pch.vector, Rawpixel.com, Vectorpocket, Dgim-studio, Upklyak, Macrovector, Stockgiu, Pikisuperstar & Freepik.com Designers

Scoprire i Giochi Gratuiti Online

Disponibile Qui:

BestActivityBooks.com/FREEGAMES

5 CONSIGLI PER INIZIARE

1) COME RISOLVERE LE PAROLE INTRECCIATTE

I puzzle hanno un formato classico:

- Le parole sono nascoste senza spazi o trattini,...
- Orientamento: Le parole possono essere scritte in avanti, indietro, verso l'alto, verso il basso o in diagonale (possono essere invertite).
- Le parole possono sovrapporsi o intersecarsi.

2) APPRENDIMENTO ATTIVO

Accanto ad ogni parola c'è uno spazio per scrivere la traduzione. Per incoraggiare l'apprendimento attivo, un **DIZIONARIO** alla fine di questa edizione vi permetterà di controllare e ampliare le vostre conoscenze. Cerca e scrivi le traduzioni, trovale nel puzzle e aggiungile al tuo vocabolario!

3) SEGNARE LE PAROLE

Puoi inventare il tuo sistema di segni. Forse ne usi già uno? Per esempio, puoi segnare le parole difficili da trovare con una croce, le parole preferite con una stella, le parole nuove con un triangolo, le parole rare con un diamante, e così via.

4) STRUTTURARE L'APPRENDIMENTO

Questa edizione offre un **TACCUINO** alla fine del libro. In vacanza, in viaggio o a casa, puoi organizzare facilmente le tue nuove conoscenze senza bisogno di un secondo quaderno!

5) AVETE FINITO TUTTE LE GRIGLIE?

Nelle ultime pagine di questo libro, nella sezione della **SFIDA FINALE**, troverete un gioco gratuito!

Facile e veloce! Dai un'occhiata alla nostra collezione di libri di attività per il tuo prossimo momento di divertimento e **apprendimento,** a portata di clic!

Trova la tua prossima sfida su:

BestActivityBooks.com/MioProssimoLibro

Ai vostri posti, pronti...Via!

Sapevi che ci sono circa 7.000 lingue diverse nel mondo? Le parole sono preziose.

Amiamo le lingue e abbiamo lavorato duramente per creare libri di altissima qualità. I nostri ingredienti?

Una selezione di argomenti adatti all'apprendimento, tre buone porzioni di intrattenimento, una cucchiaiata di parole difficili e una spolverata di parole rare. Li serviamo con amore e entusiasmo in modo che tu possa risolvere i migliori giochi di parole e divertirti imparando!

La vostra opinione è essenziale. Puoi partecipare attivamente al successo di questo libro lasciandoci un commento. Ci piacerebbe sapere cosa ti è piaciuto di più di questa edizione.

Ecco un link veloce alla pagina dell'ordine:

BestBooksActivity.com/Recensione50

Grazie per il vostro aiuto e buon divertimento!

Tutta la squadra

1 - Salute e Benessere #2

G	I	A	L	Y	N	J	Y	Q	O	I	S	Q	B	E
N	E	N	E	I	G	I	H	C	P	O	A	W	X	C
U	J	N	F	G	Q	T	Í	O	U	P	L	U	P	C
T	A	A	É	E	R	G	N	A	S	R	A	T	A	T
R	S	L	D	T	C	X	G	A	P	E	T	I	T	O
I	A	E	D	B	I	C	T	H	S	U	I	S	A	Z
C	M	R	F	G	A	C	I	S	U	C	P	A	N	C
I	G	G	G	C	G	H	A	Ó	Z	U	S	L	A	A
Ó	K	I	Z	U	V	Í	V	Z	N	E	O	U	T	L
N	D	A	D	E	M	R	E	F	N	E	H	D	O	O
R	E	C	U	P	E	R	A	C	I	Ó	N	A	M	R
D	I	G	E	S	T	I	Ó	N	M	U	P	B	Í	Í
Z	I	V	I	T	A	M	I	N	A	E	E	L	A	A
E	N	E	R	G	Í	A	T	E	I	D	S	E	B	Í
P	U	L	V	R	O	N	Z	T	C	L	O	U	A	E

ALERGIA
ANATOMÍA
APETITO
CALORÍA
CUERPO
DIETA
DIGESTIÓN
ENERGÍA
GENÉTICA
HIGIENE
INFECCIÓN
ENFERMEDAD
MASAJE
NUTRICIÓN
HOSPITAL
PESO
RECUPERACIÓN
SANGRE
SALUDABLE
VITAMINA

2 - Aggettivi #2

D	F	A	M	O	S	O	M	O	Q	M	K	C	F	Í
D	R	L	D	V	E	L	E	S	A	Y	X	R	D	O
E	P	A	F	U	H	F	J	O	N	O	V	E	U	N
S	R	M	M	S	L	R	Y	L	A	G	P	A	C	Y
C	O	R	I	Á	E	C	O	L	T	C	D	T	Í	V
R	D	O	N	Y	T	C	E	U	U	G	K	I	O	O
I	U	N	T	T	E	I	O	G	R	I	O	V	M	F
P	C	T	E	B	J	D	C	R	A	A	T	O	T	U
T	T	H	R	V	O	X	L	O	L	M	C	F	Y	E
I	I	T	E	H	A	M	B	R	I	E	N	T	O	R
V	V	I	S	E	U	M	O	U	L	U	O	P	W	T
O	O	D	A	L	A	S	S	P	P	H	D	Í	U	E
B	Q	V	N	A	U	T	É	N	T	I	C	O	Y	H
I	J	H	T	R	E	S	P	O	N	S	A	B	L	E
N	Y	U	E	T	N	A	G	E	L	E	S	U	R	Í

HAMBRIENTO
SECO
AUTÉNTICO
CREATIVO
DESCRIPTIVO
DULCE
DRAMÁTICO
ELEGANTE
FAMOSO
FUERTE
INTERESANTE
NATURAL
NORMAL
NUEVO
ORGULLOSO
PRODUCTIVO
PURO
RESPONSABLE
SALADO

3 - Ingegneria

M	L	E	I	Y	E	M	Á	Q	U	I	N	A	Í	K
C	E	I	S	C	J	K	M	P	D	P	J	A	T	K
Á	D	D	O	T	E	Z	F	A	U	F	U	M	P	R
L	I	Y	I	R	A	Z	R	E	U	F	S	I	T	L
C	E	Y	J	C	O	B	Á	N	G	U	L	O	P	Í
U	S	R	W	A	I	T	I	F	L	Í	R	M	R	Q
L	E	H	W	Í	W	Ó	A	L	N	W	Q	A	O	U
O	L	C	H	G	D	P	N	C	I	A	G	M	P	I
D	I	A	G	R	A	M	A	C	I	D	Q	J	U	D
D	I	Á	M	E	T	R	O	J	X	Ó	A	B	L	O
H	T	R	K	N	V	O	U	E	M	D	N	D	S	S
Y	C	O	E	E	N	Z	E	U	L	J	J	P	I	H
E	Í	T	E	N	G	R	A	N	A	J	E	S	Ó	Í
P	R	O	F	U	N	D	I	D	A	D	T	N	N	B
Z	B	M	C	O	N	S	T	R	U	C	C	I	Ó	N

ÁNGULO
EJE
CÁLCULO
CONSTRUCCIÓN
DIAGRAMA
DIÁMETRO
DIESEL
ENERGÍA
FUERZA
ENGRANAJES
LÍQUIDO
MÁQUINA
MEDICIÓN
MOTOR
PROFUNDIDAD
PROPULSIÓN
ROTACIÓN
ESTABILIDAD

4 - Archeologia

O	L	P	M	E	T	G	E	V	T	Q	R	E	F	C
D	L	O	A	Í	D	X	U	X	V	A	N	S	Ó	A
E	Y	V	B	S	U	Q	I	T	P	S	G	J	S	B
S	A	H	I	J	J	Z	O	I	R	E	T	S	I	M
C	N	U	X	D	E	A	G	I	L	Z	R	M	L	U
O	T	E	Y	A	A	T	O	Í	A	S	J	T	E	T
N	I	S	L	D	R	D	O	C	J	P	B	G	O	J
O	G	O	B	E	E	R	O	S	E	F	O	R	P	X
C	U	S	F	Ü	R	E	L	I	Q	U	I	A	I	T
I	O	F	K	G	A	N	Á	L	I	S	I	S	U	J
D	C	X	V	I	B	X	I	V	W	B	M	R	Q	V
O	L	R	T	T	D	H	A	W	V	Z	E	Í	E	A
M	R	I	T	N	E	V	A	L	U	A	C	I	Ó	N
U	R	O	D	A	G	I	T	S	E	V	N	I	Q	K
D	E	S	C	E	N	D	I	E	N	T	E	J	H	Z

ANÁLISIS
ANTIGÜEDAD
ANTIGUO
OLVIDADO
DESCENDIENTE
ERA
EXPERTO
FÓSIL
MISTERIO
OBJETOS
HUESOS
PROFESOR
RELIQUIA
INVESTIGADOR
DESCONOCIDO
EQUIPO
TEMPLO
TUMBA
EVALUACIÓN

5 - Salute e Benessere #1

Z	Í	Z	I	T	G	M	C	M	N	O	U	E	A	P
Z	J	I	M	R	T	J	E	R	S	S	J	R	Q	X
L	L	R	G	A	Y	Y	P	D	O	T	I	B	Á	H
A	A	R	U	T	C	A	R	F	I	E	C	M	R	H
R	B	L	G	A	S	U	R	I	V	C	D	A	H	P
U	T	H	Y	M	K	A	X	S	R	D	I	H	O	A
T	S	U	S	I	D	I	T	X	E	O	X	N	D	C
S	A	I	R	E	T	C	A	B	N	C	E	C	A	T
O	X	H	M	N	Í	A	O	P	X	T	D	G	I	I
P	I	E	L	T	V	M	N	J	K	O	M	Z	P	V
H	J	F	U	O	E	R	F	Y	E	R	P	H	A	O
C	L	Í	N	I	C	A	R	U	T	L	A	A	R	W
C	L	J	H	Q	Q	F	D	C	O	O	F	E	E	Q
M	Ú	S	C	U	L	O	S	X	Q	V	N	E	T	C
H	O	R	M	O	N	A	S	M	F	Y	B	H	R	F

HÁBITO
ALTURA
ACTIVO
BACTERIAS
CLÍNICA
HAMBRE
FARMACIA
FRACTURA
MEDICINA
DOCTOR

MÚSCULOS
NERVIOS
HORMONAS
PIEL
POSTURA
REFLEJO
TERAPIA
TRATAMIENTO
VIRUS

6 - Aggettivi #1

V	A	L	Y	O	Í	Y	Í	L	R	P	Z	P	Í	K
I	A	C	A	K	U	S	P	E	D	N	A	R	G	Y
I	B	L	T	R	V	P	O	N	A	O	Y	S	H	T
V	N	I	I	I	G	N	I	T	M	C	F	Í	Y	A
B	D	H	L	O	V	O	F	O	B	I	Y	J	I	Í
R	B	Í	J	S	S	O	O	C	I	T	N	É	D	I
N	R	G	X	V	S	O	S	I	C	Ó	J	D	V	A
A	B	S	O	L	U	T	O	T	I	X	O	E	C	R
L	A	N	N	S	R	S	R	Á	O	E	V	L	J	T
O	E	M	R	O	N	E	E	M	S	P	E	G	I	Í
G	E	U	E	B	H	N	N	O	O	E	N	A	Z	S
X	Z	H	D	K	I	O	E	R	C	F	J	D	B	T
E	Z	T	O	D	T	H	G	A	K	J	C	A	Y	I
T	Z	K	M	I	M	P	O	R	T	A	N	T	E	C
P	E	R	F	E	C	T	O	P	E	S	A	D	O	O

AMBICIOSO
AROMÁTICO
ARTÍSTICO
ABSOLUTO
ACTIVO
ENORME
EXÓTICO
GENEROSO
JOVEN
GRANDE
IDÉNTICO
IMPORTANTE
LENTO
LARGO
MODERNO
HONESTO
PERFECTO
PESADO
VALIOSO
DELGADA

7 - Geologia

E	G	Q	Q	L	C	M	E	K	A	P	A	C	L	Y
S	É	J	V	S	A	O	E	Z	R	W	W	I	P	H
T	I	P	X	A	X	D	N	S	D	K	V	Q	L	R
A	S	O	Í	L	Í	I	F	T	E	C	Q	N	I	M
L	E	T	Q	D	O	C	R	F	I	T	Z	V	J	Q
A	R	O	L	H	O	Á	R	Ó	P	N	A	P	K	L
G	C	M	C	I	Z	R	O	S	P	M	E	U	J	A
M	S	E	L	A	R	E	N	I	M	F	H	N	W	V
I	M	R	A	N	A	T	Á	L	C	N	T	J	T	A
T	Í	R	R	R	U	Z	C	L	Q	L	M	I	S	E
A	R	E	O	E	C	M	L	A	F	Z	A	Í	J	H
S	F	T	C	V	E	R	O	S	I	Ó	N	C	H	B
M	M	P	B	A	T	W	V	J	Z	R	Q	O	D	U
L	L	B	Í	C	C	R	I	S	T	A	L	E	S	E
E	S	T	A	L	A	C	T	I	T	A	V	Í	G	E

ÁCIDO
MESETA
CALCIO
CAVERNA
CONTINENTE
CORAL
CRISTALES
EROSIÓN
FÓSIL
GÉISER
LAVA
MINERALES
PIEDRA
CUARZO
SAL
ESTALAGMITAS
ESTALACTITA
CAPA
TERREMOTO
VOLCÁN

8 - Campeggio

B	I	N	F	W	X	C	T	C	X	J	R	N	R	F
O	A	N	U	L	O	Q	K	A	L	U	J	Ú	R	B
S	R	A	E	I	J	R	O	B	D	C	Í	D	Z	T
Q	U	G	G	V	M	B	E	I	B	R	A	M	L	P
U	T	Y	O	A	Ñ	A	T	N	O	M	C	N	Q	C
E	N	I	I	N	E	E	P	A	G	C	A	C	O	R
S	E	L	A	M	I	N	A	A	K	U	Z	A	T	A
G	V	S	O	M	B	R	E	R	O	I	A	R	C	W
M	A	H	A	M	A	C	A	P	C	Q	A	P	E	A
D	I	V	E	R	S	I	Ó	N	P	U	V	A	S	B
Á	R	B	O	L	E	S	L	A	G	O	E	I	N	F
G	S	G	Y	S	Í	N	D	H	O	Q	A	R	I	N
Í	R	J	B	N	F	S	W	I	K	E	F	J	D	D
L	X	N	A	E	W	P	H	V	P	J	K	M	G	A
N	A	T	U	R	A	L	E	Z	A	K	D	E	I	M

ÁRBOLES
HAMACA
ANIMALES
AVENTURA
BRÚJULA
CABINA
CAZA
CANOA
SOMBRERO
CUERDA

DIVERSIÓN
BOSQUE
FUEGO
INSECTO
LAGO
LUNA
MAPA
MONTAÑA
NATURALEZA
CARPA

9 - Tempo

M	O	D	X	U	Z	P	R	O	N	T	O	D	Í	B
E	P	E	M	U	E	I	R	T	K	K	P	S	L	E
D	B	S	E	T	N	A	F	B	C	X	M	U	K	B
I	K	P	S	K	D	L	T	Q	B	I	F	M	P	N
O	P	U	W	A	N	V	B	P	X	I	X	G	C	O
D	Y	É	M	P	X	K	I	R	M	E	F	A	Y	C
Í	U	S	J	C	A	L	E	N	D	A	R	I	O	H
A	N	H	Z	X	Q	F	A	Í	D	N	H	V	H	E
H	H	U	I	F	V	P	S	Ñ	Y	A	O	O	V	Í
N	Í	S	F	U	T	U	R	O	O	Ñ	S	T	R	V
Y	Q	S	I	R	E	L	O	J	I	A	E	U	E	A
W	J	A	M	G	V	K	X	V	L	M	M	N	Y	S
Í	W	N	V	V	L	A	U	N	A	N	A	I	A	A
D	É	C	A	D	A	O	Z	T	V	B	N	M	F	Q
P	K	W	L	B	Y	D	K	A	B	U	A	V	B	H

AÑO
ANUAL
CALENDARIO
DÉCADA
DESPUÉS
FUTURO
DÍA
AYER
MAÑANA
MES
MEDIODÍA
MINUTO
NOCHE
HOY
HORA
RELOJ
PRONTO
ANTES
SIGLO
SEMANA

10 - Astronomia

O	W	A	T	U	A	N	O	R	T	S	A	S	P	N
D	B	W	F	I	H	C	F	Y	C	A	N	U	L	E
J	C	S	S	Z	E	P	T	J	O	F	Ó	P	P	B
U	I	W	E	X	C	R	O	M	S	S	I	E	Í	U
B	E	Y	T	R	Y	U	R	N	M	H	C	R	P	L
E	L	T	E	T	V	D	O	A	O	N	A	N	B	O
D	O	C	H	V	U	A	E	H	S	Ó	L	O	O	S
I	D	P	O	S	O	T	T	P	Z	I	E	V	M	A
O	G	J	C	I	V	C	E	O	L	C	T	A	O	A
R	S	P	I	W	G	G	M	B	R	A	S	K	N	I
E	Q	U	I	N	O	C	C	I	O	I	N	Z	Ó	X
T	E	L	E	S	C	O	P	I	O	D	O	E	R	A
S	Q	U	N	I	V	E	R	S	O	A	C	W	T	L
A	Í	S	E	D	A	D	E	V	A	R	G	O	S	A
E	U	H	O	L	W	K	F	S	K	Y	S	E	A	G

ASTEROIDE
ASTRONAUTA
ASTRÓNOMO
CIELO
COSMOS
CONSTELACIÓN
EQUINOCCIO
GALAXIA
GRAVEDAD
LUNA
METEORO
NEBULOSA
OBSERVATORIO
PLANETA
RADIACIÓN
COHETE
SUPERNOVA
TELESCOPIO
TIERRA
UNIVERSO

11 - Algebra

F	F	A	C	O	N	N	Ó	I	C	U	L	O	S	Z
N	A	A	J	W	V	Ú	Ó	K	N	K	C	S	M	L
R	T	C	L	V	Y	M	E	I	H	N	D	I	A	K
N	S	K	T	S	R	E	C	E	S	Ó	F	M	T	P
T	E	O	Í	O	O	R	K	H	V	I	S	P	R	R
T	R	A	P	X	R	O	Í	V	S	C	V	L	I	O
C	Í	E	D	I	A	G	R	A	M	A	V	I	Z	B
F	R	A	C	C	I	Ó	N	O	B	U	A	F	D	L
J	N	B	P	D	J	E	K	C	C	C	R	I	K	E
P	A	R	É	N	T	E	S	I	S	E	I	C	D	M
T	A	B	Q	Í	L	Z	R	F	W	G	A	A	B	A
Y	R	R	C	M	N	R	S	Á	Í	F	B	R	Y	Y
J	D	U	V	A	L	U	M	R	Ó	F	L	P	E	Y
L	I	N	E	A	L	Y	G	G	N	J	E	F	P	S
H	R	I	N	F	I	N	I	T	O	W	M	U	E	D

DIAGRAMA
DIVISIÓN
ECUACIÓN
FALSO
FACTOR
FÓRMULA
FRACCIÓN
GRÁFICO
INFINITO
LINEAL
MATRIZ
NÚMERO
PARÉNTESIS
PROBLEMA
SIMPLIFICAR
SOLUCIÓN
RESTA
VARIABLE

12 - Mitologia

T	C	R	P	I	L	C	V	E	N	G	A	N	Z	A
L	R	E	W	N	T	R	Z	Z	S	S	H	N	D	W
E	F	U	L	A	A	I	G	U	E	R	R	E	R	O
Y	D	A	E	O	K	A	O	H	D	O	Z	J	Y	P
E	A	B	J	N	S	T	P	E	A	X	R	P	P	I
N	D	U	C	K	O	U	L	C	D	A	N	É	V	T
D	I	H	L	V	Q	R	H	T	I	Y	O	R	H	E
A	L	L	T	G	H	A	Z	R	E	U	F	L	N	U
G	A	E	R	T	S	A	S	E	D	R	A	Y	O	Q
T	T	C	R	E	A	C	I	Ó	N	Y	T	B	N	R
C	R	E	E	N	C	I	A	S	H	C	N	L	Q	A
T	O	M	O	R	T	A	L	M	Á	G	I	C	O	O
F	M	M	O	N	S	T	R	U	O	J	P	A	D	C
R	N	L	A	B	E	R	I	N	T	O	Q	R	E	F
J	I	C	U	L	T	U	R	A	T	X	N	Í	B	W

ARQUETIPO
CRIATURA
CREACIÓN
CREENCIAS
CULTURA
DESASTRE
DEIDADES
HÉROE
FUERZA
RAYO

CELOS
GUERRERO
INMORTALIDAD
LABERINTO
LEYENDA
MÁGICO
MORTAL
MONSTRUO
TRUENO
VENGANZA

13 - Piante

M	K	C	Í	B	F	C	Q	J	U	G	P	A	Q	S
T	U	Z	Í	A	R	O	A	R	O	L	F	R	V	T
N	G	S	I	Y	G	L	L	C	N	W	I	B	K	W
Ó	R	V	G	A	B	A	O	L	T	O	L	U	G	T
I	E	D	P	O	X	T	J	O	A	U	R	S	G	K
C	R	E	C	E	R	É	I	B	R	J	S	T	I	V
A	M	E	B	F	Q	P	R	R	D	T	E	O	O	H
T	Q	Í	M	L	J	X	F	Á	E	H	Í	I	F	Ú
E	T	F	Z	O	P	P	A	C	I	N	Á	T	O	B
G	Í	C	A	R	C	X	B	O	H	Í	Q	Z	D	M
E	B	O	S	Q	U	E	R	V	U	D	W	V	K	A
V	K	A	B	Í	W	H	E	L	M	R	K	K	Z	B
B	W	S	V	Z	Q	R	I	Í	C	A	V	Q	O	G
Z	A	E	W	A	Í	A	H	X	O	J	F	T	Í	O
E	F	E	R	T	I	L	I	Z	A	N	T	E	H	J

ÁRBOL
BAYA
BAMBÚ
BOTÁNICA
CACTUS
ARBUSTO
CRECER
HIEDRA
HIERBA
FRIJOL
FERTILIZANTE
FLOR
FLORA
FOLLAJE
BOSQUE
JARDÍN
MUSGO
PÉTALO
RAÍZ
VEGETACIÓN

14 - Spezie

C	A	N	U	E	Z	M	O	S	C	A	D	A	Z	V
K	M	C	A	R	D	A	M	O	M	O	Z	L	L	L
T	A	M	C	B	P	H	V	K	G	X	X	Q	O	K
S	R	U	O	I	I	C	A	M	U	C	R	Ú	C	A
D	G	B	M	G	M	I	I	D	U	L	C	E	T	W
A	O	K	I	N	I	L	N	Ó	T	N	E	M	I	P
C	Z	O	N	E	E	A	I	H	I	N	O	J	O	F
S	A	A	O	J	N	N	L	R	E	G	A	L	I	Z
Í	A	N	F	Q	T	T	L	A	R	W	G	Í	J	F
N	Q	L	E	R	A	R	A	D	Q	G	H	E	Z	G
A	N	N	M	L	Á	O	X	B	B	O	I	N	F	B
J	D	P	K	Y	A	N	I	A	D	U	T	L	H	M
Z	Z	F	A	P	B	V	F	J	K	Q	D	H	J	P
C	E	B	O	L	L	A	Í	O	G	J	Y	H	U	Q
C	U	R	R	Y	P	A	R	T	Í	Y	L	I	P	U

AJO
AMARGO
ANÍS
CANELA
CARDAMOMO
CEBOLLA
CILANTRO
COMINO
CÚRCUMA
CURRY
DULCE
HINOJO
REGALIZ
NUEZ MOSCADA
PIMENTÓN
PIMIENTA
SAL
VAINILLA
AZAFRÁN
JENGIBRE

15 - Numeri

Q	L	S	D	G	V	J	V	N	D	O	H	Q	D	G
W	C	I	I	V	E	I	N	T	E	C	N	U	I	O
E	R	E	E	D	O	S	I	E	S	H	T	I	E	S
U	T	T	C	T	C	I	R	C	C	O	R	N	C	X
F	I	E	I	W	N	É	G	O	R	E	C	C	I	B
A	Z	I	N	L	I	S	K	D	H	C	R	E	O	T
Y	A	V	U	M	C	I	X	O	D	R	H	T	C	D
J	Z	S	E	R	T	C	P	Í	O	O	V	O	H	O
I	T	Í	V	L	C	E	R	A	N	T	Q	Z	O	P
Z	F	V	E	A	Y	I	M	T	Q	A	B	C	R	G
B	Q	B	M	M	C	D	Q	O	N	C	X	H	T	A
T	F	R	O	I	Í	D	I	E	Z	B	E	Z	A	A
L	D	I	E	C	I	S	I	E	T	E	V	E	U	N
D	D	D	Q	E	B	H	Í	N	C	Y	K	G	C	U
K	N	R	C	D	W	T	Y	A	S	W	X	U	W	Í

CINCO
DECIMAL
DIECINUEVE
DIECISIETE
DIECIOCHO
DIEZ
DOCE
DOS
NUEVE
OCHO

CATORCE
CUATRO
QUINCE
DIECISÉIS
SEIS
SIETE
TRES
TRECE
VEINTE
CERO

16 - Cioccolato

R	K	W	A	R	O	M	A	C	A	Z	Ú	C	A	R
A	R	T	E	S	A	N	A	L	A	Í	S	V	I	K
T	N	L	F	S	H	V	P	N	T	C	F	E	X	L
C	A	R	A	M	E	L	O	N	E	B	A	L	L	Í
S	T	K	Q	Í	L	C	Z	Í	C	R	R	O	P	Z
Y	Q	D	E	O	X	Y	A	Í	E	C	G	O	Í	F
C	A	L	O	R	Í	A	S	L	R	E	M	O	C	Í
Í	X	C	T	Í	Q	D	O	T	I	R	O	V	A	F
S	D	M	O	T	S	U	G	K	W	D	X	Í	A	D
W	Y	J	V	C	D	W	U	Q	T	Q	A	S	M	U
P	O	L	V	O	O	C	I	T	Ó	X	E	D	A	L
A	N	T	I	O	X	I	D	A	N	T	E	C	R	C
I	N	G	R	E	D	I	E	N	T	E	Í	M	G	E
C	A	C	A	H	U	E	T	E	S	Í	M	Q	O	O
T	R	W	D	E	L	I	C	I	O	S	O	Í	L	N

AMARGO
ANTIOXIDANTE
CACAHUETES
AROMA
ARTESANAL
CACAO
CALORÍAS
CARAMELO
DELICIOSO
DULCE
EXÓTICO
GUSTO
INGREDIENTE
COMER
COCO
POLVO
FAVORITO
CALIDAD
RECETA
AZÚCAR

17 - Guida

Z	K	J	R	U	M	M	A	E	C	V	T	C	A	P
A	T	E	L	C	I	C	O	T	O	M	R	O	C	E
V	V	Q	P	C	N	M	P	T	X	D	A	M	C	A
A	U	T	O	B	Ú	S	J	S	O	A	N	B	I	T
O	F	A	R	C	Y	P	J	I	V	R	S	U	D	O
R	R	S	G	O	W	K	M	P	T	E	P	S	E	N
Z	E	T	I	C	M	A	P	A	B	T	O	T	N	A
G	N	Q	L	H	C	S	I	C	R	E	R	I	T	L
A	O	M	E	E	F	J	O	Z	G	R	T	B	E	O
R	S	T	P	S	N	Í	G	Q	J	R	E	L	B	R
A	Q	Q	S	B	M	Ú	V	Z	S	A	G	E	L	W
J	K	G	B	L	Í	N	T	A	Í	C	I	L	O	P
E	T	R	Á	F	I	C	O	T	R	H	K	P	Q	A
L	I	C	E	N	C	I	A	R	K	U	I	F	J	V
S	E	G	U	R	I	D	A	D	K	X	C	R	R	W

COCHE
AUTOBÚS
COMBUSTIBLE
FRENOS
GARAJE
GAS
ACCIDENTE
LICENCIA
MAPA
MOTOCICLETA
MOTOR
PEATONAL
PELIGRO
POLICÍA
SEGURIDAD
CARRETERA
TRÁFICO
TRANSPORTE
TÚNEL

18 - I Media

F	O	T	O	S	I	P	Í	F	M	Í	K	C	I	E
C	I	S	C	O	H	N	R	A	X	A	H	E	W	D
O	D	V	L	H	X	H	D	P	L	O	C	A	L	I
M	A	N	A	C	V	J	Z	I	Ú	M	V	U	I	C
U	R	Z	U	E	V	A	Y	B	V	B	O	Q	I	I
N	Z	O	T	H	I	N	Q	R	Í	I	L	V	T	Ó
I	S	O	C	I	D	Ó	I	R	E	P	D	I	T	N
C	O	G	E	N	L	Í	N	E	A	F	N	U	C	Y
A	I	Z	L	I	N	D	U	S	T	R	I	A	A	O
C	C	S	E	E	D	U	C	A	C	I	Ó	N	C	L
I	N	B	T	C	O	M	E	R	C	I	A	L	O	K
Ó	U	O	N	T	E	L	E	V	I	S	I	Ó	N	J
N	N	Ó	I	N	I	P	O	C	B	D	W	X	P	H
L	A	T	I	G	I	D	B	H	R	E	D	L	C	D
F	I	N	A	N	C	I	A	C	I	Ó	N	C	Z	U

COMERCIAL
COMUNICACIÓN
DIGITAL
EDICIÓN
EDUCACIÓN
HECHOS
FINANCIACIÓN
FOTOS
PERIÓDICOS
INDIVIDUAL
INDUSTRIA
INTELECTUAL
LOCAL
EN LÍNEA
OPINIÓN
ANUNCIOS
PÚBLICO
RADIO
RED
TELEVISIÓN

19 - Forza e Gravità

Y	A	F	P	A	P	N	I	Z	N	P	M	K	W	D
P	C	R	L	T	O	V	L	U	N	M	E	D	Q	J
R	G	I	A	I	C	N	A	T	S	I	D	S	P	M
E	M	C	N	Ó	I	S	N	A	P	X	E	J	O	A
S	E	C	E	I	M	P	A	C	T	O	Z	T	P	G
I	C	I	T	C	Á	U	A	A	H	V	Y	S	H	N
Ó	Á	Ó	A	Q	N	G	N	C	E	N	T	R	O	E
N	N	N	S	S	I	F	O	I	Ó	B	N	O	R	T
A	I	R	Í	E	D	K	V	S	V	R	K	M	P	I
U	C	T	I	E	M	P	O	Í	D	E	B	S	X	S
G	A	Y	U	Y	L	B	M	F	R	C	R	I	V	M
Y	M	K	Z	C	I	M	P	U	L	S	O	S	T	O
P	R	O	P	I	E	D	A	D	E	S	D	S	A	A
M	O	V	I	M	I	E	N	T	O	E	J	E	X	L
V	E	L	O	C	I	D	A	D	N	X	X	X	G	O

EJE
FRICCIÓN
CENTRO
DINÁMICO
DISTANCIA
EXPANSIÓN
FÍSICA
IMPACTO
MAGNETISMO
MECÁNICA
MOVIMIENTO
ÓRBITA
PESO
PLANETAS
PRESIÓN
PROPIEDADES
IMPULSO
TIEMPO
UNIVERSAL
VELOCIDAD

20 - Sport

F	B	L	Z	K	C	F	U	B	M	K	J	R	T	L
M	Z	T	L	L	I	T	U	G	K	I	B	E	N	B
D	I	E	T	A	C	Í	Í	E	Y	R	U	S	Ó	E
U	I	L	N	M	L	O	P	E	R	A	Z	I	I	X
L	Y	I	E	A	I	P	O	S	O	Z	D	S	C	Y
A	V	A	H	R	S	H	C	T	D	I	A	T	I	Z
S	S	B	P	G	M	T	I	I	A	M	D	E	R	P
E	O	P	C	O	O	R	L	R	N	I	I	N	T	S
T	S	L	X	R	H	X	Ó	A	E	X	C	C	U	G
R	E	A	U	P	J	B	B	M	R	A	A	I	N	C
O	U	T	T	C	G	A	A	I	T	M	P	A	A	U
P	H	E	Í	L	S	B	T	E	N	E	A	A	D	E
E	R	M	C	G	E	Ú	E	N	E	X	C	Q	A	R
D	G	W	K	I	Z	T	M	T	M	G	Í	R	R	P
N	Í	H	B	B	D	X	A	O	V	F	G	Í	W	O

ENTRENADOR
ATLETA
CAPACIDAD
CICLISMO
CUERPO
BAILE
DIETA
FUERZA
MAXIMIZAR
METABÓLICO
MÚSCULOS
NADAR
NUTRICIÓN
META
HUESOS
PROGRAMA
RESISTENCIA
SALUD
DEPORTES
ESTIRAMIENTO

21 - Caffè

H	C	R	C	O	O	Í	B	Z	G	L	Q	M	T	I
N	Á	C	I	D	O	Z	J	Y	K	B	C	B	V	X
S	X	M	L	C	R	D	S	O	J	V	T	Q	A	L
G	H	V	J	G	T	R	A	C	Ú	Z	A	H	R	Í
S	A	B	O	R	L	C	J	S	R	R	Z	G	I	Q
L	S	W	Y	Y	I	B	B	M	A	N	A	I	E	U
H	J	E	D	K	F	D	Í	S	A	E	K	B	D	I
G	N	V	A	D	V	L	J	I	M	G	R	E	A	D
E	F	C	A	F	E	Í	N	A	A	R	G	B	D	O
P	R	E	C	I	O	B	E	E	R	O	Y	I	M	K
B	X	C	A	G	U	A	X	S	G	B	W	D	O	I
G	Y	Y	R	Q	O	Í	Y	I	O	I	Y	A	L	Í
U	Í	Q	S	E	H	C	E	L	D	I	R	G	E	S
W	R	L	X	L	M	A	R	O	M	A	X	O	R	A
F	A	P	I	H	D	A	N	A	Ñ	A	M	N	N	G

ÁCIDO
AGUA
AMARGO
AROMA
ASADO
BEBIDA
CAFEÍNA
CREMA
FILTRO
SABOR

LECHE
LÍQUIDO
MOLER
MAÑANA
NEGRO
ORIGEN
PRECIO
TAZA
VARIEDAD
AZÚCAR

22 - Uccelli

A	M	O	L	A	P	Q	G	L	Q	V	P	M	C	E
Z	V	F	I	Y	I	H	H	A	Ñ	E	Ü	G	I	C
R	Q	E	Z	M	W	U	A	T	N	J	C	M	O	T
A	Í	N	S	Z	W	E	M	O	Á	S	H	H	H	T
G	V	H	P	T	B	V	S	I	C	T	O	E	Z	J
K	T	S	T	U	R	O	S	V	U	H	G	T	L	C
M	H	H	Z	D	E	U	R	A	T	N	Í	M	A	Z
H	A	L	C	Ó	N	I	Z	G	P	O	L	L	O	P
H	S	J	X	P	E	L	Í	C	A	N	O	C	U	C
G	O	R	R	I	Ó	N	W	S	L	D	R	I	Í	K
P	A	V	O	R	E	A	L	V	O	D	X	S	H	W
P	I	N	G	Ü	I	N	O	M	R	Z	G	N	R	H
P	J	X	M	Y	E	Z	O	I	O	Y	N	E	M	Q
V	F	L	A	M	E	N	C	O	N	A	D	R	S	U
Á	G	U	I	L	A	H	C	U	X	O	C	L	Q	R

GARZA
PATO
ÁGUILA
CIGÜEÑA
CISNE
CUCO
HALCÓN
FLAMENCO
GAVIOTA
GANSO
LORO
GORRIÓN
PAVO REAL
PELÍCANO
PALOMA
PINGÜINO
POLLO
AVESTRUZ
TUCÁN
HUEVO

23 - Giorni e Mesi

J	C	E	P	R	Y	Q	G	T	P	V	Y	E	S	L
U	T	A	V	I	E	R	N	E	S	N	E	Z	E	U
N	F	S	L	A	S	E	L	O	C	R	É	I	M	N
I	W	J	Á	E	R	B	M	E	I	C	I	D	A	E
O	Í	D	O	B	N	D	I	M	U	Í	I	B	N	S
A	B	R	I	L	A	D	K	E	Í	P	O	A	A	E
A	G	O	S	T	O	D	A	S	H	K	V	A	A	N
F	E	B	R	E	R	O	O	R	D	H	F	G	C	E
E	A	B	Z	E	R	B	M	E	I	T	P	E	S	R
M	A	R	T	E	S	H	R	H	R	O	X	R	P	O
N	O	V	I	E	M	B	R	E	X	I	R	B	Y	Z
A	Ñ	O	D	O	M	I	N	G	O	L	Y	U	S	R
L	R	G	E	N	Y	C	G	R	R	U	F	T	W	S
F	K	O	H	U	I	N	H	S	R	J	R	C	J	E
J	U	Q	A	Y	O	Í	U	G	D	W	I	O	Í	R

AGOSTO
AÑO
ABRIL
CALENDARIO
DICIEMBRE
DOMINGO
FEBRERO
ENERO
JUNIO
JULIO
LUNES
MARTES
MIÉRCOLES
MES
NOVIEMBRE
OCTUBRE
SÁBADO
SEPTIEMBRE
SEMANA
VIERNES

24 - Casa

J	H	M	W	D	H	U	X	Y	P	R	K	B	S	Á
T	S	Z	B	P	K	H	M	B	Y	S	W	I	D	T
L	Á	M	P	A	R	A	H	C	U	D	U	B	Y	I
C	H	I	M	E	N	E	A	L	L	A	V	L	D	C
V	L	X	M	J	V	R	B	L	Z	T	A	I	H	O
Z	Z	X	C	A	L	S	O	K	O	R	U	O	A	U
Q	S	X	Z	R	R	M	C	I	X	E	A	T	B	K
O	A	A	T	A	A	Í	S	Z	O	U	R	E	I	O
J	L	P	U	G	N	I	E	K	W	P	B	C	T	B
E	Í	L	O	N	A	N	I	C	O	C	M	A	A	B
Q	S	J	A	N	T	Z	G	R	I	F	O	E	C	W
O	S	P	T	V	N	Í	D	R	A	J	F	G	I	L
A	U	D	E	M	E	P	A	R	E	D	L	F	Ó	W
Q	G	Q	M	J	V	S	I	B	S	D	A	A	N	N
P	I	S	O	H	O	T	E	C	H	O	L	S	O	K

ÁTICO
BIBLIOTECA
HABITACIÓN
CHIMENEA
LLAVES
COCINA
DUCHA
VENTANA
GARAJE
JARDÍN
LÁMPARA
PARED
PISO
PUERTA
VALLA
GRIFO
ESCOBA
ESPEJO
ALFOMBRA
TECHO

25 - Ristorante #1

S	E	Z	F	R	C	O	M	E	R	D	Z	T	P	Y
F	Z	D	M	X	E	T	N	A	C	I	P	Y	L	I
O	R	Y	V	Y	P	S	F	F	V	P	Y	N	A	P
L	Z	O	A	I	D	D	E	F	U	P	C	Ó	T	Q
L	J	R	I	U	A	L	U	R	L	O	A	Z	O	T
I	X	D	U	J	F	X	V	O	V	R	J	A	G	U
H	S	L	Q	Z	F	A	C	Í	R	A	E	T	I	K
C	Z	K	O	U	W	I	Í	B	H	D	R	O	O	L
U	J	C	X	E	I	G	G	N	P	I	O	I	H	J
C	A	M	A	R	E	R	A	P	W	M	I	T	V	M
S	V	S	O	T	H	E	T	Y	S	O	M	E	N	Ú
J	A	Í	X	S	C	L	E	V	Q	C	U	C	K	N
C	O	L	L	O	P	A	N	I	C	O	C	Í	O	L
J	B	Z	S	P	I	H	F	C	A	R	N	E	S	L
L	W	K	S	A	I	T	N	É	G	A	T	E	Í	Y

ALERGIA
CAFÉ
CAMARERA
CARNE
CAJERO
COMIDA
TAZÓN
CUCHILLO
COCINA

POSTRE
COMER
MENÚ
PAN
PLATO
PICANTE
POLLO
RESERVA
SALSA

26 - Fantascienza

F	M	I	Y	Y	L	L	Q	I	Q	C	I	N	E	F
U	I	R	L	N	Ó	I	S	O	L	P	X	E	P	A
E	S	Q	L	U	A	L	B	F	Í	S	F	F	L	N
G	T	L	Z	Q	S	A	Q	R	C	A	U	N	A	T
O	E	H	F	L	T	I	T	E	O	T	T	I	N	Á
G	R	U	J	N	O	X	Ó	T	L	S	U	A	E	S
Z	I	D	Z	H	B	A	O	N	U	I	R	Í	T	T
W	O	E	N	T	O	L	V	M	C	L	I	Z	A	I
Q	S	Í	V	K	R	A	S	A	Á	A	S	E	C	C
G	O	A	E	I	W	G	P	T	R	E	T	O	U	O
D	I	S	T	O	P	Í	A	Ó	O	R	A	U	C	V
J	M	U	N	D	O	R	F	M	U	T	O	P	Í	A
Z	Í	Y	O	I	R	A	N	I	G	A	M	I	P	Í
R	A	Í	G	O	L	O	N	C	E	T	Z	B	W	J
W	K	X	C	G	Q	J	S	O	M	E	R	T	X	E

ATÓMICO
CINE
DISTOPÍA
EXPLOSIÓN
EXTREMO
FANTÁSTICO
FUEGO
FUTURISTA
GALAXIA
ILUSIÓN
IMAGINARIO
LIBROS
MISTERIOSO
MUNDO
ORÁCULO
PLANETA
REALISTA
ROBOTS
TECNOLOGÍA
UTOPÍA

27 - Città

S	B	D	U	C	L	Í	N	I	C	A	E	H	A	B
T	U	O	C	N	A	B	M	U	S	E	O	O	E	I
D	I	P	I	F	I	V	D	C	T	E	E	T	R	B
H	M	E	E	B	K	V	M	G	W	C	O	E	O	L
L	E	I	N	R	A	L	E	U	C	S	E	L	P	I
I	R	M	D	D	M	O	Q	R	V	I	Z	D	U	O
B	C	O	R	T	A	E	T	A	S	P	O	J	E	T
R	A	Y	U	M	I	Y	R	Í	M	I	O	X	R	E
E	D	W	I	G	C	H	A	C	L	H	D	B	T	C
R	O	I	A	M	A	X	Q	R	A	C	I	A	O	A
Í	R	V	A	K	M	Z	M	G	O	D	J	F	D	D
A	A	T	S	I	R	O	L	F	O	X	O	X	C	C
A	E	W	E	U	A	L	M	E	S	T	A	D	I	O
T	T	J	G	B	F	P	A	N	A	D	E	R	Í	A
G	A	L	E	R	Í	A	C	I	N	E	C	U	F	G

AEROPUERTO
BANCO
BIBLIOTECA
CINE
CLÍNICA
FARMACIA
FLORISTA
GALERÍA
HOTEL
LIBRERÍA
MERCADO
MUSEO
TIENDA
PANADERÍA
ESCUELA
ESTADIO
SUPERMERCADO
TEATRO
UNIVERSIDAD
ZOO

28 - Fattoria #1

X	Q	A	C	Í	L	S	R	T	T	H	Z	T	Q	S
Q	O	G	A	C	C	A	M	P	O	T	A	G	N	E
Í	R	R	B	M	E	W	R	O	I	F	W	Q	W	M
H	R	I	R	D	P	R	M	Q	F	B	H	G	P	I
X	E	C	A	U	G	A	D	I	S	Z	Y	X	B	L
A	P	U	Y	O	B	Y	O	O	L	L	O	P	X	L
R	Z	L	U	C	A	B	A	L	L	O	Z	R	D	A
E	E	T	N	A	Z	I	L	I	T	R	E	F	R	S
B	T	U	V	A	C	A	H	E	N	O	U	A	M	A
A	E	R	V	A	L	L	A	D	L	T	P	W	I	F
Ñ	R	A	X	Í	U	H	P	B	D	N	T	T	E	K
O	N	X	O	E	J	K	B	A	B	E	J	A	L	Q
Z	E	Y	H	M	Q	K	J	B	O	B	C	B	C	W
I	R	J	M	Q	U	O	M	K	T	F	B	G	D	L
G	O	P	N	Í	B	X	D	R	Z	E	H	D	T	S

AGUA
AGRICULTURA
ABEJA
BURRO
CAMPO
PERRO
CABRA
CABALLO
FERTILIZANTE
HENO
GATO
REBAÑO
CERDO
MIEL
VACA
POLLO
VALLA
ARROZ
SEMILLAS
TERNERO

29 - Psicologia

C	I	J	L	Q	N	Ó	I	C	P	E	C	R	E	P
O	P	D	E	S	A	I	C	N	E	U	L	F	N	I
N	R	Q	E	H	U	I	R	W	R	C	S	E	T	V
F	O	G	E	A	Í	N	E	S	S	O	E	V	E	Z
L	B	H	Z	T	S	F	A	J	O	G	N	A	R	H
I	L	C	Y	I	Q	A	L	S	N	N	S	L	A	R
C	E	L	V	C	L	N	I	E	A	I	A	U	P	G
T	M	Í	L	M	H	C	D	N	L	C	C	A	I	X
O	A	N	N	X	V	I	A	O	I	I	I	C	A	H
P	K	I	T	H	Z	A	D	I	D	Ó	Ó	I	T	K
V	L	C	X	Q	S	C	S	C	A	N	N	Ó	B	P
L	S	O	Í	J	J	K	K	O	D	K	P	N	R	W
N	B	L	P	E	N	S	A	M	I	E	N	T	O	S
I	N	C	O	N	S	C	I	E	N	T	E	P	O	I
E	X	P	E	R	I	E	N	C	I	A	S	H	I	N

CITA
CLÍNICO
COGNICIÓN
CONFLICTO
EGO
EMOCIONES
EXPERIENCIAS
IDEAS
INCONSCIENTE
INFANCIA
INFLUENCIAS
PENSAMIENTOS
PERCEPCIÓN
PERSONALIDAD
PROBLEMA
REALIDAD
SENSACIÓN
TERAPIA
EVALUACIÓN

30 - Paesaggi

C	M	P	V	K	Q	Q	D	N	L	S	I	T	T	Y
A	J	R	A	A	L	R	S	G	Z	I	S	O	Z	B
S	T	N	Ñ	N	Á	C	L	O	V	F	L	Y	N	N
C	C	A	A	I	T	O	N	P	L	M	A	I	U	V
A	N	E	T	L	P	A	O	O	L	K	B	A	C	B
D	H	A	N	O	G	G	N	Í	C	T	U	J	D	M
A	E	F	O	C	É	L	A	O	N	A	É	C	O	O
T	K	R	M	U	I	A	G	T	C	O	P	P	G	A
R	U	V	Y	E	S	C	H	R	A	M	R	L	A	S
F	Q	N	X	V	E	I	O	E	E	J	Í	A	L	I
F	A	K	D	A	R	A	M	I	L	B	O	Y	U	S
Y	O	I	L	R	A	R	M	S	L	B	E	A	C	V
Q	U	B	Í	D	A	E	G	E	A	E	Y	C	I	M
E	T	S	T	B	I	I	R	D	V	D	H	J	I	F
P	E	N	Í	N	S	U	L	A	W	P	Z	H	V	F

CASCADA
COLINA
DESIERTO
RÍO
GÉISER
GLACIAR
CUEVA
ICEBERG
ISLA
LAGO
MAR
MONTAÑA
OASIS
OCÉANO
PANTANO
PENÍNSULA
PLAYA
TUNDRA
VALLE
VOLCÁN

31 - Energia

R	O	G	Q	M	Í	H	U	X	M	A	C	C	D	E
E	Y	A	Í	R	E	T	A	B	S	H	C	O	I	L
N	A	S	J	Í	O	T	N	E	I	V	O	M	E	E
O	N	O	B	R	A	C	I	I	M	B	N	B	S	C
V	W	L	N	A	O	V	B	F	O	V	T	U	E	T
A	R	I	Y	E	N	I	R	O	T	A	A	S	L	R
B	X	N	D	I	G	H	U	T	O	P	M	T	O	Ó
L	U	A	S	S	V	Ó	T	Ó	R	O	I	I	S	N
E	Z	O	Z	S	T	X	R	N	L	R	N	B	H	E
E	N	T	R	O	P	Í	A	D	B	Í	A	L	Í	I
E	L	É	C	T	R	I	C	O	I	T	C	E	S	L
N	U	C	L	E	A	R	Q	D	Y	H	I	T	A	L
F	P	S	D	R	Q	C	O	Í	J	A	Ó	O	I	P
I	N	D	U	S	T	R	I	A	Z	Y	N	H	P	Í
T	C	A	L	O	R	Í	K	C	Í	W	I	L	Z	R

BATERÍA
GASOLINA
CALOR
CARBONO
COMBUSTIBLE
DIESEL
ELÉCTRICO
ELECTRÓN
ENTROPÍA
FOTÓN
HIDRÓGENO
INDUSTRIA
CONTAMINACIÓN
MOTOR
NUCLEAR
RENOVABLE
SOL
TURBINA
VAPOR
VIENTO

32 - Ristorante #2

U	I	C	A	I	I	S	A	L	M	U	E	R	Z	O
Í	O	Q	K	A	O	A	U	G	A	E	S	O	Y	V
E	H	T	M	Z	B	L	S	O	P	A	R	D	E	I
N	Í	P	R	O	D	E	N	E	T	S	Z	A	S	T
S	Í	O	F	A	B	G	B	S	N	V	U	C	D	I
A	C	S	U	Í	P	S	A	I	C	E	P	S	E	R
L	N	O	Y	F	A	N	E	C	D	W	W	E	Q	E
A	K	I	M	Y	S	L	T	S	U	A	M	P	Z	P
D	V	C	K	A	T	U	R	F	I	C	M	H	Í	A
A	K	I	I	H	E	G	K	R	J	L	H	N	F	F
T	F	L	T	D	L	H	I	E	L	O	L	A	Í	V
H	U	E	V	O	S	M	B	L	F	G	P	A	R	H
Y	V	D	C	A	M	A	R	E	R	O	N	F	V	A
V	E	R	D	U	R	A	S	F	G	M	L	Í	K	T
N	Q	H	W	J	L	U	R	C	O	B	E	D	V	E

AGUA
APERITIVO
BEBIDA
CAMARERO
CENA
CUCHARA
DELICIOSO
TENEDOR
FRUTA
HIELO
ENSALADA
SOPA
PESCADO
ALMUERZO
SAL
SILLA
ESPECIAS
PASTEL
HUEVOS
VERDURAS

33 - Moda

B	K	C	S	T	E	N	D	E	N	C	I	A	C	Y
O	H	Q	N	O	T	B	C	X	N	Ó	R	T	A	P
T	I	J	M	O	F	T	E	X	T	U	R	A	R	M
O	W	T	T	U	G	I	M	B	U	V	O	N	O	O
N	I	X	C	F	H	Q	S	O	O	A	P	W	T	D
E	B	O	R	D	A	D	O	T	D	Q	V	R	R	E
S	E	L	P	O	P	V	X	Í	I	E	W	X	H	R
B	N	L	R	Í	R	H	Í	O	J	C	S	V	E	N
O	C	I	Á	M	N	I	F	P	E	I	A	T	R	O
U	A	C	C	P	Í	S	G	O	T	U	S	D	O	M
T	J	N	T	M	F	D	O	I	S	C	I	B	O	E
I	E	E	I	V	Í	Y	E	T	N	A	G	E	L	E
Q	Q	S	C	E	S	T	I	L	O	A	P	O	R	Í
U	G	P	O	J	G	U	O	V	U	R	L	C	Q	U
E	D	M	I	N	I	M	A	L	I	S	T	A	U	M

ROPA
BOUTIQUE
CARO
ELEGANTE
MINIMALISTA
PATRÓN
MODERNO
MODESTO
ORIGINAL
ENCAJE
PRÁCTICO
BOTONES
BORDADO
SENCILLO
SOFISTICADO
ESTILO
TENDENCIA
TEJIDO
TEXTURA

34 - L'Azienda

V	B	E	M	P	L	E	O	I	K	R	S	Q	C	Z
I	N	G	R	E	S	O	S	N	P	E	A	S	Q	L
A	U	O	H	D	G	S	O	V	R	P	L	Y	D	T
I	Q	O	O	H	Z	E	S	E	O	U	A	G	I	E
U	N	V	T	C	D	R	R	R	F	T	R	L	N	N
N	Ó	D	C	G	K	G	U	S	E	A	I	O	N	D
I	I	A	U	A	G	O	C	I	S	C	O	B	O	E
D	S	D	D	S	A	R	E	Ó	I	I	S	A	V	N
A	I	I	O	H	T	P	R	N	O	Ó	V	L	A	C
D	C	L	R	K	A	R	E	C	N	N	M	F	D	I
E	E	A	P	F	O	V	I	T	A	E	R	C	O	A
S	D	C	W	C	S	O	I	A	L	F	J	C	R	S
P	R	E	S	E	N	T	A	C	I	Ó	N	G	L	Í
Q	U	H	R	I	E	S	G	O	S	S	H	Z	A	Y
P	O	S	I	B	I	L	I	D	A	D	S	T	S	Q

CREATIVO
DECISIÓN
GLOBAL
INDUSTRIA
INNOVADOR
INVERSIÓN
EMPLEO
POSIBILIDAD
PRESENTACIÓN
PRODUCTO
PROFESIONAL
PROGRESO
CALIDAD
INGRESOS
REPUTACIÓN
RIESGOS
RECURSOS
SALARIOS
TENDENCIAS
UNIDADES

35 - Giardino

R	N	T	E	R	R	A	Z	A	B	V	S	G	E	L
T	A	J	S	N	N	L	H	T	X	M	O	T	Y	J
Y	B	S	R	Í	E	A	M	I	O	U	T	E	V	V
N	O	A	T	D	C	P	E	D	E	P	S	É	C	A
Y	T	Z	N	R	G	J	W	I	N	R	U	T	Z	L
X	S	E	M	A	I	H	D	V	S	S	B	X	O	L
R	G	L	Q	J	G	L	O	B	R	Á	R	A	R	A
K	H	A	K	E	N	Í	L	O	P	M	A	R	T	E
B	T	M	Q	Í	I	E	G	O	M	R	Y	E	K	S
Z	S	P	L	G	A	R	A	J	E	R	F	U	Q	T
D	G	X	C	O	T	R	E	U	H	F	S	G	C	A
H	A	M	A	C	A	E	Í	F	C	L	I	N	M	N
D	D	Y	I	N	W	A	Q	R	L	L	L	A	I	Q
C	M	P	T	A	S	U	E	L	O	O	V	M	A	U
M	X	L	B	B	C	N	U	Y	G	P	R	M	B	E

ÁRBOL
HAMACA
ARBUSTO
HIERBA
MALEZAS
FLOR
HUERTO
GARAJE
JARDÍN
PALA
BANCO
CÉSPED
RASTRILLO
VALLA
ESTANQUE
SUELO
TERRAZA
TRAMPOLÍN
MANGUERA
VID

36 - Riscaldamento Globale

Q	P	H	I	J	T	W	A	C	G	A	S	V	H	G
O	V	G	Á	H	X	V	L	L	O	L	S	Y	L	E
I	D	D	M	B	Í	N	Ó	I	C	N	E	T	A	N
D	N	P	M	T	I	V	I	M	I	C	N	G	T	E
A	Z	D	Z	L	A	T	S	A	T	I	O	O	N	R
T	Z	V	U	X	L	K	A	Y	R	E	I	B	E	A
O	V	P	K	S	A	Z	C	T	Á	N	C	I	I	C
S	E	C	H	Y	T	H	Í	M	S	T	A	E	B	I
E	V	S	B	R	A	R	A	Q	S	Í	L	R	M	O
P	Q	I	Y	P	O	H	I	X	F	F	B	N	A	N
E	N	E	R	G	Í	A	O	A	R	I	O	O	W	E
M	N	X	O	B	F	N	H	R	T	C	P	L	A	S
Y	S	K	O	K	W	G	P	J	A	O	N	L	B	U
I	N	T	E	R	N	A	C	I	O	N	A	L	T	F
V	F	U	T	U	R	O	C	R	I	S	I	S	R	L

AMBIENTAL
ÁRTICO
ATENCIÓN
CLIMA
CRISIS
DATOS
ENERGÍA
FUTURO
GAS
GENERACIONES
GOBIERNO
HÁBITATS
INDUSTRIA
INTERNACIONAL
AHORA
POBLACIONES
CIENTÍFICO

37 - Frutta

O	I	L	U	Y	V	M	A	S	H	M	W	F	N	Y
K	Y	I	R	U	F	E	M	T	R	V	U	R	E	K
H	C	M	D	Í	I	L	W	K	A	K	Í	A	C	U
A	K	Ó	R	Z	Y	O	W	L	K	F	Y	M	T	X
Ñ	L	N	S	Í	P	C	M	A	N	G	O	B	A	O
I	C	B	L	D	R	O	T	R	Ó	U	N	U	R	A
P	G	I	A	V	U	T	U	E	L	I	A	E	I	S
L	T	K	R	R	E	Ó	M	P	E	Z	T	S	N	L
Y	N	I	O	U	I	N	E	A	M	C	Á	A	A	N
K	W	W	M	V	E	C	Q	M	N	Y	L	O	A	Í
X	U	I	G	B	G	L	O	Z	S	Z	P	Z	F	L
C	E	R	E	Z	A	B	A	Q	A	Y	A	P	A	P
Í	A	N	Y	E	T	A	C	A	U	G	A	N	P	U
F	S	O	N	W	R	Y	T	M	R	E	B	N	A	Y
S	H	Í	H	G	Y	A	N	A	R	A	N	J	A	F

ALBARICOQUE
PIÑA
NARANJA
AGUACATE
BAYA
PLÁTANO
CEREZA
KIWI
FRAMBUESA
LIMÓN
MANGO
MANZANA
MELÓN
MORA
NECTARINA
PAPAYA
PERA
MELOCOTÓN
CIRUELA
UVA

38 - Fattoria #2

Q	H	J	X	E	K	N	C	C	F	Z	X	P	S	L
F	M	Z	G	M	L	T	B	O	X	R	L	G	V	E
N	L	M	W	W	S	W	O	M	C	I	U	H	W	C
I	M	R	O	T	L	U	C	I	R	G	A	T	Í	H
T	R	I	G	O	T	A	P	D	Z	I	B	G	A	E
S	O	S	N	A	G	A	N	A	I	E	A	E	N	H
T	T	G	T	G	S	E	L	A	M	I	N	A	E	U
R	S	P	H	Í	X	L	I	Z	E	Í	P	J	M	E
A	A	M	T	P	O	P	N	R	E	P	G	E	L	R
C	P	H	L	C	R	W	D	X	W	S	Q	V	O	T
T	G	L	I	M	E	S	O	R	E	D	R	O	C	O
O	M	Y	X	A	N	B	E	M	J	N	P	D	M	D
R	N	N	W	Í	A	M	A	L	L	L	Q	A	Y	A
G	A	O	G	Z	R	X	I	D	I	T	H	R	E	H
N	D	Q	X	H	G	N	E	P	A	Q	X	P	E	V

CORDERO
AGRICULTOR
COLMENA
PATO
ANIMALES
COMIDA
GRANERO
FRUTA
HUERTO
TRIGO
RIEGO
LLAMA
LECHE
MAÍZ
GANSOS
CEBADA
PASTOR
OVEJA
PRADO
TRACTOR

39 - Musica

A	A	D	A	L	A	B	G	C	Á	J	Í	Z	K	C
K	Í	R	C	O	R	O	J	L	F	L	C	S	A	A
O	D	R	M	N	A	E	X	Á	T	G	B	F	U	N
I	O	Í	M	Ó	T	O	V	S	R	P	C	U	I	T
N	L	T	I	I	N	V	Í	I	Z	W	F	F	M	A
S	E	M	C	C	A	I	E	C	S	L	D	T	F	N
T	M	I	R	A	C	O	C	O	C	I	R	Í	L	T
R	V	C	Ó	B	D	I	M	O	M	T	I	R	A	E
U	O	O	F	A	Ó	P	E	R	A	J	Y	W	C	R
M	C	C	O	R	R	Í	M	G	G	O	R	W	I	E
E	A	I	N	G	I	M	C	Y	E	L	X	R	S	T
N	L	T	O	R	D	A	O	C	I	S	Ú	M	U	P
T	T	É	F	V	M	B	U	N	N	E	L	Í	M	O
O	I	O	P	B	P	S	B	T	Í	H	J	V	A	R
R	F	P	C	L	D	U	Y	S	W	A	Y	X	Z	K

ÁLBUM
ARMONÍA
ARMÓNICO
BALADA
CANTANTE
CANTAR
CLÁSICO
CORO
LÍRICO
MELODÍA
MICRÓFONO
MUSICAL
MÚSICO
ÓPERA
POÉTICO
GRABACIÓN
RÍTMICO
RITMO
INSTRUMENTO
VOCAL

40 - Barbecue

Q	P	C	U	V	I	T	K	S	L	F	V	L	C	E
N	B	R	M	G	N	N	R	U	E	F	E	H	A	N
A	H	J	I	Í	Z	U	V	I	Y	Y	R	R	L	S
F	A	M	I	L	I	A	H	I	P	I	A	V	I	A
Q	T	S	C	E	N	A	A	U	T	S	N	H	E	L
Í	A	O	L	L	O	P	M	Q	J	A	O	P	N	A
P	L	L	M	D	J	X	B	Z	Í	L	C	Y	T	D
I	M	L	A	A	T	U	R	F	C	L	Í	I	E	A
M	U	I	O	C	T	G	E	B	K	O	X	N	Ó	S
I	E	H	K	I	G	E	J	R	V	B	B	Q	M	N
E	R	C	A	S	L	A	S	O	G	E	U	J	T	D
N	Z	U	H	Ú	Í	F	Q	S	I	C	Y	T	R	L
T	O	C	N	M	C	B	N	A	C	O	M	I	D	A
A	A	Y	G	K	C	Q	U	L	L	T	T	M	D	L
P	A	R	R	I	L	L	A	R	Í	H	L	Z	B	B

CALIENTE
CENA
COMIDA
CEBOLLAS
CUCHILLOS
VERANO
HAMBRE
FAMILIA
FRUTA
JUEGOS
PARRILLA
ENSALADAS
INVITACIÓN
MÚSICA
PIMIENTA
POLLO
TOMATES
ALMUERZO
SAL
SALSA

41 - Insetti

L	M	G	J	P	P	M	T	Z	P	M	I	I	A	X
H	I	K	P	G	H	O	O	T	H	J	Y	N	J	Q
O	S	B	W	S	A	L	T	A	M	O	N	T	E	S
R	G	E	É	L	A	N	G	O	S	T	A	O	B	Í
M	V	W	X	L	M	A	R	I	Q	U	I	T	A	Q
I	B	P	D	U	U	C	U	C	A	R	A	C	H	A
G	Y	V	H	X	E	L	P	O	L	I	L	L	A	V
A	Í	O	U	Y	F	G	A	R	R	A	G	I	C	O
E	S	C	A	R	A	B	A	J	O	Z	O	S	Q	D
C	F	N	Ó	P	S	I	V	A	B	D	S	M	V	G
Q	N	V	X	C	S	W	O	S	A	C	I	G	C	U
P	U	L	G	A	T	I	M	R	E	T	T	F	G	S
A	B	Z	J	R	I	N	V	D	S	J	N	G	Á	A
M	A	R	I	P	O	S	A	A	V	R	A	L	K	N
M	O	S	Q	U	I	T	O	Z	B	W	M	P	T	O

ÁFIDO
ABEJA
AVISPÓN
SALTAMONTES
CIGARRA
MARIQUITA
ESCARABAJO
POLILLA
MARIPOSA
HORMIGA
LARVA
LIBÉLULA
LANGOSTA
MANTIS
PULGA
CUCARACHA
TERMITA
GUSANO
AVISPA
MOSQUITO

42 - Fisica

F	I	J	M	E	G	Í	U	V	J	D	T	O	M	J
R	T	K	O	M	O	T	Á	O	V	A	B	C	K	M
E	Í	K	T	D	O	N	C	U	S	I	V	I	C	O
C	X	P	O	M	S	I	T	E	N	G	A	M	T	L
U	A	R	R	E	L	E	C	T	R	Ó	N	Í	C	É
E	C	A	E	S	Í	I	I	F	P	W	Z	U	D	C
N	E	E	U	L	S	O	A	C	T	D	F	Q	O	U
C	L	L	M	J	A	L	U	C	Í	T	R	A	P	L
I	E	C	E	I	G	T	F	Ó	R	M	U	L	A	A
A	R	U	C	E	N	Ó	I	S	N	A	P	X	E	O
M	A	N	Á	D	A	D	E	V	A	R	G	G	V	U
X	C	Í	N	S	R	D	A	D	I	S	N	E	D	T
U	I	Z	I	M	Q	Y	S	E	D	D	M	U	Q	X
M	Ó	F	C	R	W	G	O	U	H	B	A	U	U	B
S	N	L	A	S	R	E	V	I	N	U	R	D	V	P

ACELERACIÓN
ÁTOMO
CAOS
QUÍMICO
DENSIDAD
ELECTRÓN
EXPANSIÓN
FÓRMULA
FRECUENCIA
GAS
GRAVEDAD
MAGNETISMO
MECÁNICA
MOLÉCULA
MOTOR
NUCLEAR
PARTÍCULA
RELATIVIDAD
UNIVERSAL

43 - Agronomia

N	D	E	A	G	R	I	C	U	L	T	U	R	A	E
Ó	G	S	A	L	L	I	M	E	S	S	U	E	L	O
I	Q	T	E	T	N	A	Z	I	L	I	T	R	E	F
C	K	U	C	O	M	I	D	A	X	N	G	G	G	C
A	X	D	V	Q	U	E	Í	Z	N	V	N	A	I	R
N	Ó	I	C	C	U	D	O	R	P	E	Ó	Í	S	E
I	E	O	M	N	T	E	F	Í	Í	S	I	G	R	C
M	P	N	P	E	L	B	I	N	E	T	S	O	S	I
A	Í	R	E	E	N	L	K	G	A	I	O	L	C	M
T	V	U	V	R	O	C	I	N	Á	G	R	O	I	I
N	R	R	J	O	G	K	Q	E	N	A	E	C	E	E
O	B	A	U	G	A	Í	R	Z	M	C	O	E	N	N
C	I	L	N	N	N	C	A	L	A	I	Z	R	C	T
S	I	S	T	E	M	A	S	C	L	Ó	E	E	I	O
S	E	D	A	D	E	M	R	E	F	N	E	H	A	M

AGUA
AGRICULTURA
COMIDA
CRECIMIENTO
ECOLOGÍA
ENERGÍA
EROSIÓN
FERTILIZANTE
CONTAMINACIÓN
ENFERMEDADES
ORGÁNICO
PRODUCCIÓN
INVESTIGACIÓN
RURAL
CIENCIA
SEMILLAS
SISTEMAS
SOSTENIBLE
ESTUDIO
SUELO

44 - Erboristeria

R	N	G	E	N	E	L	D	O	J	O	N	I	H	W
K	D	Q	N	L	B	T	E	B	B	A	X	V	X	L
H	H	L	N	X	Y	M	K	V	M	S	Z	E	M	A
O	J	A	T	N	E	M	E	O	I	Q	H	R	X	Í
L	I	J	E	R	E	P	T	J	D	K	C	D	B	Í
L	A	T	X	Í	E	B	N	A	O	V	K	E	U	N
I	C	V	D	Z	Í	W	E	R	R	R	O	F	N	O
M	U	K	A	J	A	I	I	O	E	O	A	C	Ó	R
O	L	P	D	N	G	Y	D	M	M	L	C	N	G	É
T	I	B	I	O	D	Z	E	Á	O	F	A	Í	A	G
N	N	T	L	G	V	A	R	T	R	Z	H	D	R	A
N	A	J	A	Í	D	O	G	I	W	C	A	R	T	N
H	R	U	C	D	L	C	N	C	E	I	B	A	S	O
X	I	C	D	B	G	R	I	O	J	V	L	J	E	A
Í	O	A	Z	A	F	R	Á	N	O	L	A	S	G	C

AJO
ENELDO
AROMÁTICO
ALBAHACA
CULINARIO
ESTRAGÓN
HINOJO
FLOR
JARDÍN
INGREDIENTE
LAVANDA
MEJORANA
MENTA
ORÉGANO
PEREJIL
CALIDAD
ROMERO
TOMILLO
VERDE
AZAFRÁN

45 - Danza

T	R	A	D	I	C	I	O	N	A	L	X	M	C	C
E	Í	C	Z	S	H	T	T	B	B	B	G	Ú	U	U
C	L	Á	S	I	C	O	M	A	R	T	H	S	L	A
R	E	Q	U	B	V	P	G	R	R	T	Í	I	T	U
I	O	X	I	P	N	R	M	U	O	T	T	C	U	Q
T	C	G	P	E	P	E	X	T	K	M	E	A	R	P
M	U	D	J	R	F	U	T	S	R	A	T	L	A	S
O	L	U	T	R	E	C	U	O	W	I	R	U	I	E
N	T	H	E	T	R	S	B	P	W	C	O	V	M	V
Ó	U	V	R	V	G	V	I	F	E	A	T	V	E	I
I	R	Y	A	V	E	M	S	V	E	R	L	E	D	S
C	A	G	B	Q	L	A	O	O	O	G	S	E	A	U
O	L	E	N	S	A	Y	O	J	C	G	S	H	C	A
M	O	V	I	M	I	E	N	T	O	I	R	N	A	L
E	F	A	Í	F	A	R	G	O	E	R	O	C	C	H

ACADEMIA
ARTE
CLÁSICO
SOCIO
COREOGRAFÍA
CUERPO
CULTURA
CULTURAL
EMOCIÓN
EXPRESIVO
ALEGRE
GRACIA
MOVIMIENTO
MÚSICA
POSTURA
ENSAYO
RITMO
SALTAR
TRADICIONAL
VISUAL

46 - Biologia

C	P	R	O	T	E	Í	N	A	J	Q	B	C	W	Z
R	T	C	R	D	L	G	I	X	A	A	U	E	Z	S
O	K	L	V	G	E	O	P	V	A	I	Q	L	Q	R
M	P	T	O	A	L	A	R	U	T	A	N	D	E	L
O	Q	B	I	D	W	Í	Y	X	A	D	V	A	Í	N
S	I	S	O	I	B	M	I	S	I	S	O	M	S	Ó
O	R	P	O	D	O	O	N	M	C	E	M	N	A	I
M	S	E	C	X	S	T	E	A	O	V	U	E	I	R
A	E	I	P	F	A	A	R	M	L	O	T	U	R	B
N	M	P	N	T	E	N	V	Í	Á	L	A	R	E	M
O	C	I	E	A	I	A	I	F	G	U	C	O	T	E
M	S	H	Z	T	P	L	O	E	E	C	I	N	C	E
R	K	L	A	N	W	S	I	R	N	I	Ó	A	A	E
O	B	F	Í	V	E	D	I	O	O	Ó	N	U	B	R
H	H	W	S	Í	Í	B	K	S	C	N	Q	Z	K	S

ANATOMÍA
BACTERIAS
CELDA
COLÁGENO
CROMOSOMA
EMBRIÓN
ENZIMA
EVOLUCIÓN
MAMÍFERO
MUTACIÓN
NATURAL
NERVIO
NEURONA
HORMONA
ÓSMOSIS
PROTEÍNA
REPTIL
SIMBIOSIS
SINAPSIS

47 - Attività Commerciale

K	R	O	D	A	E	L	P	M	E	L	V	C	F	D
T	B	P	Í	D	M	M	C	J	S	U	E	A	I	E
R	U	A	Í	E	T	G	P	F	H	C	N	R	N	S
A	J	N	A	N	N	Y	D	L	J	R	T	R	A	C
N	E	I	U	O	T	S	O	C	E	O	A	E	N	U
S	S	C	N	M	M	J	J	V	C	A	T	R	Z	E
A	X	I	O	G	C	F	P	I	N	D	D	A	A	N
C	Q	F	R	N	R	T	F	O	C	N	S	O	S	T
C	C	O	E	M	O	E	Z	N	L	E	E	H	I	O
I	A	I	N	A	D	M	S	A	C	I	R	B	Á	F
Ó	P	C	I	Í	D	F	Í	O	H	T	R	Í	W	L
N	H	S	D	W	V	L	S	A	S	E	R	P	M	E
I	N	V	E	R	S	I	Ó	N	E	L	S	C	D	L
M	E	R	C	A	N	C	Í	A	L	O	X	E	C	G
P	R	E	S	U	P	U	E	S	T	O	Y	A	T	T

PRESUPUESTO
CARRERA
COSTO
EMPLEADOR
EMPLEADO
ECONOMÍA
FÁBRICA
FINANZAS
INVERSIÓN
MERCANCÍA
TIENDA
LUCRO
INGRESO
DESCUENTO
EMPRESA
DINERO
TRANSACCIÓN
OFICINA
MONEDA
VENTA

48 - Fiori

K	X	N	E	D	Í	O	D	S	U	R	H	T	N	M
L	A	V	A	N	D	A	L	I	L	O	E	U	P	V
H	I	B	I	S	C	O	G	Y	A	S	W	L	É	P
A	S	J	W	R	R	N	U	I	I	A	L	I	T	O
I	I	X	A	E	D	Í	U	Q	R	O	Q	P	A	B
R	Q	L	L	Y	I	M	A	V	A	S	N	Á	L	Y
E	P	O	O	N	U	Z	N	D	N	I	M	N	O	R
M	F	B	P	N	I	A	Í	Í	O	C	A	T	S	H
U	L	É	A	L	G	J	M	L	I	R	I	O	W	N
L	T	R	M	X	M	A	L	O	S	A	N	M	A	I
P	G	T	A	N	E	P	M	S	A	N	E	A	C	A
M	A	R	G	A	R	I	T	A	P	A	D	R	B	W
X	O	P	E	O	N	Í	A	R	V	I	R	L	D	A
H	W	Í	M	B	X	S	X	I	G	V	A	E	N	O
M	E	A	G	I	R	E	E	G	C	W	G	D	Í	O

GARDENIA
JAZMÍN
LIRIO
GIRASOL
HIBISCO
LAVANDA
LILA
MAGNOLIA
MARGARITA
RAMO
NARCISO
ORQUÍDEA
AMAPOLA
PASIONARIA
PEONÍA
PÉTALO
PLUMERIA
ROSA
TRÉBOL
TULIPÁN

49 - Filantropia

P	Ú	B	L	I	C	O	F	H	G	F	A	P	S	A
H	W	G	N	E	U	U	S	O	L	I	G	R	N	O
R	A	T	I	S	E	C	E	N	O	N	E	O	I	P
M	Z	B	F	N	B	O	D	E	B	A	N	G	Ñ	J
A	I	R	O	T	S	I	H	S	A	N	E	R	O	D
Q	B	S	D	L	R	V	N	T	L	Z	R	A	S	A
J	O	F	I	P	B	H	S	I	D	A	O	M	O	D
V	Z	U	M	Ó	L	U	S	D	O	S	S	A	S	I
D	N	Í	M	I	N	F	O	A	N	C	I	S	Q	N
J	U	V	E	N	T	U	D	D	A	R	D	L	I	U
O	I	O	L	P	H	V	N	G	R	S	A	T	E	M
W	X	X	G	R	U	P	O	S	E	H	D	Z	W	O
J	G	E	K	U	U	Í	F	T	A	N	X	G	T	C
D	Í	U	C	A	R	I	D	A	D	Í	T	N	S	J
C	O	N	T	A	C	T	O	S	B	K	V	E	R	W

NIÑOS
NECESITAR
CARIDAD
COMUNIDAD
CONTACTOS
DONAR
FINANZAS
FONDOS
GENEROSIDAD
JUVENTUD
GLOBAL
GRUPOS
MISIÓN
METAS
HONESTIDAD
GENTE
PROGRAMAS
PÚBLICO
HISTORIA

50 - Ecologia

P	C	S	Í	Y	K	Q	Y	S	D	P	E	C	L	N
L	O	O	U	A	E	I	C	E	P	S	E	L	S	A
A	M	S	B	P	I	H	I	Q	C	C	E	I	O	T
N	U	R	H	P	E	Í	N	U	T	F	I	M	S	U
T	N	U	H	N	L	R	J	Í	V	A	I	A	T	R
A	I	C	Í	Á	A	O	V	A	M	U	P	R	E	A
S	D	E	Í	D	B	N	P	I	K	N	X	O	N	L
W	A	R	Í	A	O	I	O	A	V	A	B	L	I	E
N	D	O	N	D	L	R	T	D	N	E	T	F	B	Z
A	E	A	J	E	G	A	N	A	C	T	N	Z	L	A
Z	S	T	Z	I	D	M	T	T	T	R	A	C	E	N
D	I	V	E	R	S	I	D	A	D	Í	G	N	I	I
B	M	Z	D	A	N	A	T	U	R	A	L	Z	O	A
S	I	F	Y	V	V	E	G	E	T	A	C	I	Ó	N
V	O	L	U	N	T	A	R	I	O	S	P	O	R	D

CLIMA
COMUNIDADES
DIVERSIDAD
FAUNA
FLORA
GLOBAL
HÁBITAT
MARINO
NATURALEZA
NATURAL
PANTANO
PLANTAS
RECURSOS
SEQUÍA
SUPERVIVENCIA
SOSTENIBLE
ESPECIE
VARIEDAD
VEGETACIÓN
VOLUNTARIOS

51 - Discipline Scientifiche

P	I	S	P	Q	F	I	S	I	O	L	O	G	Í	A
L	L	V	X	U	B	O	T	Á	N	I	C	A	A	G
Z	I	A	A	Í	G	O	L	O	I	C	O	S	W	T
W	S	A	K	M	Z	O	O	L	O	G	Í	A	M	E
Í	X	A	C	I	T	S	Í	Ü	G	N	I	L	M	R
B	H	P	X	C	G	E	O	L	O	G	Í	A	T	M
R	I	C	U	A	Í	G	O	L	O	C	I	S	P	O
F	T	O	M	E	C	Á	N	I	C	A	G	Y	A	D
C	P	O	L	E	C	O	L	O	G	Í	A	K	N	I
S	A	Í	G	O	L	O	R	O	E	T	E	M	A	N
K	P	Q	A	Í	G	O	L	O	R	U	E	N	T	Á
G	J	F	P	J	C	Í	H	R	U	R	X	O	O	M
Y	G	A	Í	G	O	L	A	R	E	N	I	M	M	I
B	I	O	Q	U	Í	M	I	C	A	E	L	Z	Í	C
A	S	T	R	O	N	O	M	Í	A	E	E	C	A	A

ANATOMÍA
ASTRONOMÍA
BIOQUÍMICA
BIOLOGÍA
BOTÁNICA
QUÍMICA
ECOLOGÍA
FISIOLOGÍA
GEOLOGÍA
LINGÜÍSTICA
MECÁNICA
METEOROLOGÍA
MINERALOGÍA
NEUROLOGÍA
PSICOLOGÍA
SOCIOLOGÍA
TERMODINÁMICA
ZOOLOGÍA

52 - Scienza

M	O	L	É	C	U	L	A	S	L	T	S	G	P	K
N	A	T	U	R	A	L	E	Z	A	G	E	R	A	E
Ó	D	A	T	O	S	I	K	E	D	N	L	Q	R	H
I	Í	B	Y	K	T	S	P	X	E	M	A	U	T	E
C	L	U	J	E	E	Ó	C	B	M	B	R	Í	Í	X
A	A	U	R	Z	E	F	W	C	R	X	E	M	C	P
V	B	V	R	U	I	D	H	V	L	S	N	I	U	E
R	O	M	S	I	N	A	G	R	O	I	I	C	L	R
E	R	T	H	F	U	D	R	M	Í	S	M	O	A	I
S	A	A	E	Í	M	E	S	É	C	E	K	A	S	M
B	T	Á	C	S	G	V	T	T	M	T	S	V	Í	E
O	O	T	H	I	X	A	Y	O	S	Ó	K	J	V	N
X	R	O	O	C	G	R	U	D	Q	P	Í	E	X	T
I	I	M	I	A	Y	G	C	O	B	I	Í	S	E	O
W	O	O	N	C	V	O	K	D	G	H	G	D	D	S

ÁTOMO
QUÍMICO
CLIMA
DATOS
EXPERIMENTO
HECHO
FÍSICA
FÓSIL
GRAVEDAD
HIPÓTESIS
LABORATORIO
MÉTODO
MINERALES
MOLÉCULAS
NATURALEZA
ORGANISMO
OBSERVACIÓN
PARTÍCULAS

53 - Imbarcazioni

K	E	P	F	Í	E	H	D	F	Q	O	V	M	A	B
T	Y	B	F	G	A	K	D	O	H	K	E	O	A	V
W	R	C	D	U	A	A	N	C	L	A	L	Í	C	R
O	R	I	E	R	H	M	L	I	I	Y	E	V	I	Y
Z	E	L	P	L	A	G	O	T	T	A	R	Í	K	O
Y	F	Y	V	U	S	J	V	U	S	K	O	L	P	P
O	V	H	F	B	L	E	C	Á	Á	E	R	E	M	I
C	U	E	R	D	A	A	N	N	M	J	F	A	O	O
F	Z	K	S	R	B	Y	C	O	S	B	O	I	T	J
E	L	Y	K	C	L	O	V	I	J	Y	L	S	O	A
Í	B	Í	K	H	A	B	C	F	Ó	S	A	P	R	G
M	A	R	I	N	E	R	O	É	G	N	S	B	H	D
H	Y	A	T	E	R	Í	O	K	A	C	A	N	O	A
N	B	N	A	X	A	F	G	U	A	N	Y	B	O	Q
Z	D	W	Z	Í	M	O	A	D	T	N	O	C	N	W

MÁSTIL
ANCLA
VELERO
BOYA
CANOA
CUERDA
TRIPULACIÓN
RÍO
KAYAK
LAGO
MAR
MAREA
MARINERO
MOTOR
NÁUTICO
OCÉANO
OLAS
FERRY
YATE
BALSA

54 - Chimica

N	G	S	B	K	A	M	I	Z	N	E	W	C	C	Y
Z	G	M	N	Ó	R	T	C	E	L	E	X	S	A	G
O	D	I	U	Q	Í	L	Ó	L	A	I	C	B	T	A
N	U	C	L	E	A	R	E	M	S	V	A	E	A	L
O	C	I	N	Á	G	R	O	O	I	V	K	V	L	C
B	O	L	H	C	A	L	O	R	B	C	M	D	I	A
R	N	X	V	Q	W	L	I	O	J	W	O	A	Z	L
A	E	T	Í	R	N	I	U	L	R	Z	C	E	A	I
C	G	A	R	G	J	E	Q	C	X	B	Y	N	D	N
Q	Ó	Í	C	M	E	Q	K	T	É	I	O	N	O	O
V	R	U	U	B	E	N	G	C	H	L	N	B	R	D
W	D	R	D	G	K	C	O	G	Y	F	O	C	T	I
R	I	D	I	U	H	U	N	Y	V	U	P	M	B	C
O	H	M	P	P	E	S	O	C	E	W	X	H	F	Á
T	E	M	P	E	R	A	T	U	R	A	Í	J	P	R

ÁCIDO
ALCALINO
ATÓMICO
CALOR
CARBONO
CATALIZADOR
CLORO
ELECTRÓN
ENZIMA
GAS
HIDRÓGENO
ION
LÍQUIDO
MOLÉCULA
NUCLEAR
ORGÁNICO
OXÍGENO
PESO
SAL
TEMPERATURA

55 - Api

M	I	V	L	D	E	L	G	V	E	X	B	U	V	C
I	Z	O	F	I	U	N	U	A	P	E	V	R	L	I
E	E	S	L	Z	J	A	J	R	S	Q	F	Q	P	A
L	F	O	O	Q	T	B	Z	A	N	E	M	L	O	C
R	B	I	R	E	S	P	J	R	M	H	U	M	O	D
P	E	C	E	E	L	Q	N	E	U	B	F	B	E	I
L	C	I	S	I	N	S	E	C	T	O	R	M	C	V
A	O	F	N	A	L	A	S	F	A	L	R	E	O	E
N	M	E	M	A	B	U	G	Y	T	F	K	O	S	R
T	I	N	P	O	L	E	N	L	I	Z	W	F	I	S
A	D	E	Z	F	X	V	S	Z	B	D	Y	Í	S	I
S	A	B	Q	H	R	U	A	S	Á	P	Z	D	T	D
J	A	R	D	Í	N	U	G	O	H	J	D	S	E	A
F	L	O	R	R	B	K	T	L	S	J	Í	D	M	D
Y	M	R	B	O	Q	E	J	A	K	Y	Q	M	A	S

ALAS
COLMENA
BENEFICIOSO
CERA
COMIDA
DIVERSIDAD
ECOSISTEMA
FLORES
FLOR
FRUTA
HUMO
JARDÍN
HÁBITAT
INSECTO
MIEL
PLANTAS
POLEN
REINA
ENJAMBRE
SOL

56 - Strumenti Musicali

X	Q	W	U	V	I	O	L	O	N	C	H	E	L	O
P	L	U	F	D	G	Z	Q	C	H	U	U	A	M	B
C	L	A	R	I	N	E	T	E	Í	R	Y	N	W	U
A	T	T	G	N	O	G	Y	S	F	O	C	I	S	F
N	R	E	M	U	O	C	L	W	I	F	B	L	H	L
U	O	R	A	C	I	N	Ó	M	R	A	O	O	J	A
X	M	E	F	T	H	T	O	G	A	F	N	D	E	U
G	P	D	L	V	G	K	A	Z	N	R	Ó	N	J	T
F	E	N	B	A	N	J	O	R	Y	P	I	A	N	A
V	T	A	T	A	M	B	O	R	R	I	S	M	Ó	W
I	A	P	Í	P	I	D	N	S	N	A	U	C	B	O
O	F	U	Y	R	H	L	A	Z	G	J	C	G	M	A
L	X	X	C	A	S	O	I	N	W	W	R	Í	O	N
Í	U	E	G	P	M	X	P	A	V	I	E	N	R	P
N	Ó	F	O	X	A	S	S	E	P	O	P	B	T	K

ARMÓNICA
ARPA
BANJO
GUITARRA
CLARINETE
FAGOT
FLAUTA
GONG
MANDOLINA
MARIMBA
OBOE
PERCUSIÓN
PIANO
SAXOFÓN
PANDERETA
TAMBOR
TROMPETA
TROMBÓN
VIOLÍN
VIOLONCHELO

57 - Professioni #2

M	G	J	M	I	N	V	E	N	T	O	R	P	L	B
C	C	O	É	C	I	R	U	J	A	N	O	R	I	I
Q	F	N	D	Í	F	X	R	P	M	E	L	O	N	B
I	E	V	I	T	C	E	T	E	D	H	G	F	G	L
I	N	F	C	R	Q	H	O	L	J	O	K	E	Ü	I
D	L	V	O	F	I	L	Ó	S	O	F	O	S	I	O
E	P	U	E	U	S	Y	O	P	G	P	F	O	S	T
N	I	B	S	S	W	S	Q	J	O	I	A	R	T	E
T	L	M	N	T	T	E	A	H	L	N	R	Z	A	C
I	O	S	O	Z	R	I	A	Z	Ó	T	G	O	Í	A
S	T	N	K	A	R	A	G	A	I	O	Ó	Ó	D	R
T	O	J	D	X	Y	D	D	A	B	R	T	L	A	I
A	Z	O	E	V	J	W	K	O	D	G	O	O	O	O
J	A	R	D	I	N	E	R	O	R	O	F	G	C	F
A	S	T	R	O	N	A	U	T	A	M	R	O	O	D

ASTRONAUTA
BIBLIOTECARIO
BIÓLOGO
CIRUJANO
DENTISTA
DETECTIVE
FILÓSOFO
FOTÓGRAFO
JARDINERO
ILUSTRADOR
PROFESOR
INVENTOR
LINGÜISTA
MÉDICO
PILOTO
PINTOR
INVESTIGADOR
ZOÓLOGO

58 - Letteratura

M	E	T	Á	F	O	R	A	H	M	R	Z	M	P	A
P	O	É	T	I	C	O	Y	Z	Í	I	E	N	H	N
A	T	O	D	C	É	N	A	M	E	T	S	Ó	Í	Á
L	U	N	Í	Í	I	V	B	M	Y	M	T	I	J	L
E	G	T	Í	E	U	E	D	U	I	O	I	S	D	I
V	É	D	O	T	X	J	Z	E	H	R	L	U	E	S
O	N	A	B	R	C	V	N	U	Í	Í	O	L	S	I
N	E	N	Ó	I	C	A	R	A	P	M	O	C	C	S
K	R	Y	F	D	O	Í	X	W	P	Y	C	N	R	O
N	O	A	I	D	E	G	A	R	T	K	P	O	I	P
D	I	Á	L	O	G	O	R	X	E	C	O	C	P	I
W	Q	V	T	Q	I	L	M	A	M	E	O	P	C	N
I	Z	Q	Q	N	M	A	K	Z	F	B	P	C	I	I
Í	V	L	Y	U	D	N	E	F	A	Í	E	D	Ó	Ó
L	J	Z	V	O	V	A	U	Z	N	Y	A	F	N	N

ANÁLISIS
ANALOGÍA
ANÉCDOTA
AUTOR
BIOGRAFÍA
CONCLUSIÓN
COMPARACIÓN
DESCRIPCIÓN
DIÁLOGO
GÉNERO
METÁFORA
OPINIÓN
POEMA
POÉTICO
RIMA
RITMO
NOVELA
ESTILO
TEMA
TRAGEDIA

59 - Cibo #2

P	V	V	B	Y	Z	A	U	K	W	Q	I	J	G	K
O	H	T	B	J	A	M	Ó	N	C	E	R	E	Z	A
L	L	E	L	S	N	T	K	J	J	D	U	V	K	E
L	G	S	S	V	E	P	E	O	G	J	G	N	H	Q
O	G	F	E	Í	J	Z	U	S	C	L	O	Y	A	X
I	O	F	T	K	N	S	O	E	O	A	Y	Z	B	G
P	T	P	A	N	E	E	C	U	R	P	N	D	P	M
A	L	O	M	A	R	S	H	Q	P	N	N	Q	S	Í
B	P	Á	O	L	E	L	O	D	A	C	S	E	P	T
V	R	V	T	P	B	K	C	A	Q	K	I	W	I	N
W	D	Ó	L	A	G	Q	O	R	I	L	G	P	D	B
M	Y	V	C	Y	N	V	L	R	A	O	J	L	U	G
U	Z	X	P	O	X	O	A	O	G	I	R	T	Z	C
V	P	T	J	U	L	U	T	Z	T	P	Q	V	P	G
A	H	U	E	V	O	I	E	M	A	N	Z	A	N	A

PLÁTANO
BRÓCOLI
CEREZA
CHOCOLATE
QUESO
SETA
TRIGO
KIWI
MANZANA
BERENJENA
PAN
PESCADO
POLLO
TOMATE
JAMÓN
ARROZ
APIO
HUEVO
UVA
YOGUR

60 - Nutrizione

C	E	G	F	Í	N	I	W	S	K	H	L	G	E	E
O	T	I	T	E	P	A	V	A	N	P	Í	C	S	Q
M	O	P	V	P	R	I	V	L	K	L	Q	K	P	U
E	Í	E	I	R	A	M	K	S	A	H	U	M	E	I
S	Y	G	T	O	J	M	E	A	T	E	I	D	C	L
T	P	I	A	T	I	S	A	N	Z	D	D	G	I	I
I	E	O	M	E	S	U	J	R	T	U	O	O	A	B
B	S	D	I	Í	E	Y	X	S	G	A	S	L	S	R
L	O	A	N	N	V	F	P	V	A	O	C	A	S	A
E	H	D	A	A	N	I	X	O	T	L	E	I	I	D
N	Ó	I	T	S	E	G	I	D	O	W	U	U	Ó	O
S	A	L	U	D	A	B	L	E	Í	P	V	D	E	N
N	S	A	Í	R	O	L	A	C	C	S	G	E	Í	J
J	N	C	N	U	T	R	I	E	N	T	E	H	B	L
C	A	R	B	O	H	I	D	R	A	T	O	S	V	Z

AMARGO
APETITO
EQUILIBRADO
CALORÍAS
CARBOHIDRATOS
COMESTIBLE
DIETA
DIGESTIÓN
FERMENTACIÓN
LÍQUIDOS
NUTRIENTE
PESO
PROTEÍNAS
CALIDAD
SALSA
SALUD
SALUDABLE
ESPECIAS
TOXINA
VITAMINA

61 - Matematica

R	T	R	I	Á	N	G	U	L	O	H	G	W	L	S
T	A	T	C	E	S	F	D	E	C	I	M	A	L	I
D	Y	D	Z	Y	A	Í	R	T	E	M	O	E	G	M
Í	Í	F	I	O	L	E	L	A	R	A	P	U	Í	E
I	N	Y	W	O	K	I	L	C	C	J	O	Q	E	T
M	Ó	O	N	O	G	Í	L	O	P	C	N	R	T	R
D	I	V	I	S	I	Ó	N	L	T	D	I	O	N	Í
P	C	N	E	C	S	P	R	U	Y	W	J	Ó	E	A
P	A	R	A	L	E	L	O	G	R	A	M	O	N	Á
V	U	E	V	E	M	H	Q	N	T	R	O	K	O	N
K	C	L	D	R	Í	O	X	Á	J	Y	U	D	P	G
I	E	A	C	I	T	É	M	T	I	R	A	Q	X	U
V	O	L	U	M	E	N	I	C	T	Í	L	M	E	L
D	I	Á	M	E	T	R	O	E	L	F	Q	R	U	O
K	U	J	B	Z	O	D	A	R	D	A	U	C	E	S

ÁNGULOS
ARITMÉTICA
DECIMAL
DIÁMETRO
DIVISIÓN
ECUACIÓN
EXPONENTE
FRACCIÓN
GEOMETRÍA
PARALELO
PARALELOGRAMO
POLÍGONO
CUADRADO
RADIO
RECTÁNGULO
SIMETRÍA
SUMA
TRIÁNGULO
VOLUMEN

62 - Meditazione

R	E	S	P	I	R	A	C	I	Ó	N	C	F	P	G
P	E	E	O	C	S	B	O	N	D	A	D	M	O	R
A	L	N	Y	O	V	G	S	Ó	N	Z	V	E	S	A
Z	C	O	Y	K	G	W	I	I	H	E	H	N	T	T
M	Q	I	O	U	P	N	L	C	C	L	N	T	U	I
O	X	C	S	Z	P	N	E	A	D	A	C	A	R	T
V	O	O	D	Ú	H	Ó	N	V	L	R	L	L	A	U
I	N	M	A	F	M	I	C	R	T	U	I	M	D	D
M	Ó	E	I	F	N	C	I	E	S	T	R	V	A	L
I	I	C	C	H	S	A	O	S	A	A	O	R	D	Í
E	C	T	L	Í	I	T	D	B	F	N	Q	X	I	Z
N	N	Ó	I	S	A	P	M	O	C	C	Y	J	R	H
T	E	T	N	E	M	E	P	N	Y	I	T	V	A	Í
O	T	A	V	I	T	C	E	P	S	R	E	P	L	B
N	A	Z	X	V	E	A	B	C	W	I	D	O	C	A

ACEPTACIÓN
ATENCIÓN
CALMA
CLARIDAD
COMPASIÓN
EMOCIONES
BONDAD
GRATITUD
MENTAL
MENTE
MOVIMIENTO
MÚSICA
NATURALEZA
OBSERVACIÓN
PAZ
POSTURA
PERSPECTIVA
RESPIRACIÓN
SILENCIO

63 - Antiquariato

N	Ó	I	C	I	D	N	O	C	P	M	O	Y	M	D
Ó	F	J	J	V	C	P	P	D	T	O	W	C	U	E
I	A	Q	I	N	U	S	U	A	L	N	S	U	E	C
S	R	I	J	P	N	H	F	D	V	E	I	N	B	O
R	U	T	P	R	R	W	A	I	I	D	G	Ó	L	R
E	T	B	P	X	O	K	C	L	E	A	L	I	E	A
V	L	C	A	S	C	I	Y	A	J	S	O	C	Y	T
N	U	D	Í	S	I	U	R	C	O	Q	R	A	V	I
I	C	D	R	Z	T	B	P	O	I	C	E	R	P	V
B	S	H	E	T	N	A	G	E	L	E	J	U	Í	O
X	E	X	L	Z	É	R	R	S	C	A	J	A	Q	L
J	D	U	A	C	T	Q	G	C	E	D	V	T	A	I
H	Í	U	G	A	U	A	R	T	E	Í	T	S	O	T
D	É	C	A	D	A	S	R	X	L	J	K	E	R	S
M	Z	W	P	M	B	I	Y	Í	T	Z	W	R	B	E

ARTE
SUBASTA
AUTÉNTICO
CONDICIÓN
DÉCADAS
DECORATIVO
ELEGANTE
GALERÍA
INUSUAL
INVERSIÓN
MUEBLE
MONEDAS
PRECIO
CALIDAD
RESTAURACIÓN
ESCULTURA
SIGLO
ESTILO
VALOR
VIEJO

64 - Escursionismo

W	Y	X	V	P	Z	A	M	F	K	C	O	A	P	C
B	X	A	Y	E	J	A	V	L	A	S	O	E	R	A
V	Q	T	S	S	A	Í	U	G	V	H	H	J	E	M
P	N	V	O	A	P	A	M	J	I	S	M	W	P	P
M	G	G	O	D	A	L	I	T	N	A	C	A	A	I
O	S	C	P	O	Í	G	V	A	Ó	R	N	A	R	N
D	L	C	U	M	B	R	E	G	I	D	D	N	A	G
M	O	N	T	A	Ñ	A	S	U	C	E	U	I	C	A
E	C	C	L	I	M	A	E	A	A	I	I	M	I	I
N	A	C	D	O	U	Y	U	S	T	P	I	A	Ó	P
A	N	K	Z	J	Y	J	Q	O	N	O	B	L	N	E
X	S	L	W	F	G	T	R	L	E	U	B	E	Q	A
X	A	I	T	H	Z	V	A	E	I	N	A	S	A	V
Q	D	M	K	C	R	V	P	X	R	F	Í	O	X	E
B	O	J	R	D	R	X	Í	R	O	Í	Z	O	R	Í

AGUA
ANIMALES
CAMPING
CLIMA
GUÍAS
MAPA
MONTAÑA
ORIENTACIÓN
PARQUES
PESADO
PIEDRAS
PREPARACIÓN
ACANTILADO
SALVAJE
SOL
CANSADO
BOTAS
CUMBRE

65 - Professioni #1

C	A	I	Z	F	B	A	I	L	A	R	Í	N	K	E
Q	A	S	Í	O	O	C	I	S	Ú	M	Z	A	F	N
X	L	R	O	D	A	N	E	R	T	N	E	B	A	F
A	R	O	T	N	B	M	T	L	V	D	I	O	R	E
G	R	T	C	Ó	R	P	H	A	O	I	J	G	M	R
I	O	I	Í	W	G	E	I	O	N	J	V	A	A	M
C	D	D	H	U	F	R	D	C	V	E	P	D	C	E
A	A	E	Y	U	Y	N	A	I	F	K	R	O	É	R
R	J	Z	J	V	R	Y	B	F	G	B	U	O	U	A
T	A	V	A	R	S	R	D	Í	O	O	E	Y	T	O
I	B	P	S	D	Z	X	A	T	S	I	N	A	I	P
S	M	J	S	Z	O	J	O	N	H	Í	D	Í	C	B
T	E	O	B	B	U	R	H	E	O	Q	Q	P	O	E
A	G	E	Ó	L	O	G	O	I	J	O	Y	E	R	O
B	A	N	Q	U	E	R	O	C	A	A	V	C	D	W

ENTRENADOR
EMBAJADOR
ARTISTA
ABOGADO
BAILARÍN
BANQUERO
CAZADOR
CARTÓGRAFO
EDITOR
FARMACÉUTICO
GEÓLOGO
JOYERO
FONTANERO
ENFERMERA
MÚSICO
PIANISTA
CIENTÍFICO

66 - Antartide

I	B	V	U	U	O	C	I	F	Í	T	N	E	I	C
P	S	A	U	W	B	C	S	A	N	E	L	L	A	B
F	R	L	H	V	C	O	G	Í	Ó	M	A	G	U	A
R	O	L	A	Í	R	N	L	F	I	P	C	F	T	L
O	C	G	V	S	A	T	A	A	C	E	O	G	O	U
D	O	K	I	Y	T	I	C	R	A	R	N	M	P	S
A	S	E	B	U	N	N	I	G	R	A	S	I	O	N
G	O	S	A	Í	V	E	A	O	G	T	E	N	G	Í
I	H	I	E	L	O	N	R	E	I	U	R	E	R	N
T	T	A	V	Í	L	T	E	G	M	R	V	R	A	E
S	W	D	R	N	P	E	S	S	Y	A	A	A	F	P
E	X	P	L	O	R	A	C	I	Ó	N	C	L	Í	E
V	D	G	X	F	O	N	F	P	R	L	I	E	A	R
N	Ó	I	C	I	D	E	P	X	E	M	Ó	S	F	S
I	G	U	N	Z	V	H	Q	I	U	C	N	X	N	V

AGUA
BAHÍA
BALLENAS
CONSERVACIÓN
CONTINENTE
EXPLORACIÓN
GEOGRAFÍA
GLACIARES
HIELO
ISLAS
MIGRACIÓN
MINERALES
NUBES
PENÍNSULA
INVESTIGADOR
ROCOSO
CIENTÍFICO
EXPEDICIÓN
TEMPERATURA
TOPOGRAFÍA

67 - Libri

T	G	A	M	K	A	D	G	I	X	N	V	K	Y	Q
O	I	M	L	A	G	B	U	C	C	G	R	M	Z	U
X	W	B	O	E	F	E	M	A	Í	S	E	O	P	B
E	I	N	R	E	V	X	M	L	L	V	X	X	L	L
T	R	Á	G	I	C	O	Í	I	C	I	W	N	X	E
N	O	E	E	R	B	T	N	T	O	H	D	E	N	C
E	D	P	S	E	B	X	G	E	L	I	H	A	I	T
N	A	O	C	S	V	E	E	R	E	S	I	R	D	O
I	R	P	R	R	O	T	U	A	C	T	S	U	V	R
T	R	E	I	X	A	N	O	R	C	Ó	T	T	M	R
R	A	Y	T	I	S	O	T	I	I	R	O	N	E	H
E	N	A	O	P	J	C	K	O	Ó	I	R	E	Z	L
P	P	Á	G	I	N	A	G	O	N	C	I	V	N	Q
I	N	V	E	N	T	I	V	O	Q	O	A	A	B	N
H	U	M	O	R	Í	S	T	I	C	O	M	M	R	T

AUTOR
AVENTURA
COLECCIÓN
CONTEXTO
DUALIDAD
EPOPEYA
INVENTIVO
LITERARIO
LECTOR
NARRADOR
PÁGINA
POESÍA
PERTINENTE
NOVELA
ESCRITO
SERIE
HISTORIA
HISTÓRICO
TRÁGICO
HUMORÍSTICO

68 - Geografia

A	O	M	T	E	R	R	I	T	O	R	I	O	H	Z
S	L	J	E	T	R	O	N	H	B	A	W	Í	L	R
Í	C	T	W	R	O	Í	W	Y	R	L	F	Í	N	B
F	H	N	I	Z	I	G	F	M	N	O	T	U	H	I
O	E	B	G	T	L	D	A	D	U	I	C	U	N	Z
M	M	Q	Y	D	U	T	I	G	N	O	L	T	Í	Y
A	I	S	U	R	R	D	W	A	Ñ	A	T	N	O	M
P	S	D	O	F	F	N	M	L	N	I	X	Ó	Í	B
A	F	H	E	X	L	S	S	S	P	O	T	I	R	T
K	E	W	S	S	Í	A	P	I	M	D	O	G	Y	U
Q	R	L	T	F	Q	L	T	S	Z	J	C	E	M	F
Y	I	M	E	V	V	T	D	I	M	Y	B	R	D	V
K	O	M	A	R	T	A	E	A	T	R	R	U	Z	K
M	U	N	D	O	H	E	Q	B	N	U	Z	N	W	U
C	O	N	T	I	N	E	N	T	E	R	D	L	Z	Y

ALTITUD
ATLAS
CIUDAD
CONTINENTE
HEMISFERIO
RÍO
ISLA
LATITUD
LONGITUD
MAPA
MAR
MERIDIANO
MUNDO
MONTAÑA
NORTE
OESTE
PAÍS
REGIÓN
SUR
TERRITORIO

69 - Cibo #1

E	W	I	H	D	X	C	Q	N	Z	V	E	X	X	T
P	S	J	H	Q	O	J	A	S	E	R	F	V	Y	C
S	A	P	L	A	B	Z	R	R	T	A	R	S	Y	M
D	P	S	I	T	A	F	E	B	N	Ú	T	A	I	K
Í	L	T	T	N	N	I	P	Q	P	E	N	Í	K	W
D	A	D	N	E	A	A	L	B	A	H	A	C	A	C
S	A	L	Q	M	L	C	C	E	B	A	D	A	Z	A
P	J	J	U	G	O	L	A	V	Z	I	D	B	A	N
Y	Z	G	B	H	K	I	B	S	T	S	S	A	N	E
T	S	Y	P	G	U	M	R	V	Y	D	L	Z	A	L
H	T	L	E	D	G	Ó	J	O	H	W	E	Ú	H	A
S	W	S	G	M	X	N	D	D	J	X	C	C	O	P
Í	Í	L	E	N	S	A	L	A	D	A	H	A	R	V
C	E	B	O	L	L	A	L	P	S	W	E	R	I	E
Í	R	T	A	T	D	X	X	P	L	S	E	M	A	L

AJO
ALBAHACA
CANELA
CARNE
ZANAHORIA
CEBOLLA
FRESA
ENSALADA
LECHE
LIMÓN
MENTA
CEBADA
PERA
NABO
SAL
ESPINACAS
JUGO
ATÚN
PASTEL
AZÚCAR

70 - Etica

V	R	I	S	Y	O	V	I	T	F	R	V	N	L	F
D	R	Z	D	Z	M	Z	T	Í	P	E	A	Ó	V	R
D	A	D	I	T	S	E	N	O	H	A	L	I	G	F
A	L	T	R	U	I	S	M	O	R	L	O	S	E	D
D	Í	X	M	G	M	S	J	U	Í	I	R	A	B	A
N	Q	F	F	G	I	T	O	T	Y	S	E	P	Q	D
O	U	I	O	W	T	P	R	S	Z	M	S	M	T	I
B	X	V	P	S	P	P	W	Í	G	O	X	O	I	L
H	T	V	V	M	O	P	A	C	I	E	N	C	I	A
V	O	K	K	A	E	L	B	A	N	O	Z	A	R	N
K	T	A	Í	R	U	D	I	B	A	S	G	B	M	O
D	I	G	N	I	D	A	D	F	U	W	P	S	V	I
D	I	P	L	O	M	Á	T	I	C	O	J	K	B	C
J	C	H	I	N	T	E	G	R	I	D	A	D	H	A
T	O	L	E	R	A	N	C	I	A	R	B	I	O	R

ALTRUISMO
COMPASIÓN
DIGNIDAD
DIPLOMÁTICO
FILOSOFÍA
BONDAD
INTEGRIDAD
HONESTIDAD
OPTIMISMO
PACIENCIA
RAZONABLE
RACIONALIDAD
REALISMO
SABIDURÍA
TOLERANCIA
VALORES

71 - Aeroplani

C	O	N	S	T	R	U	C	C	I	Ó	N	H	A	A
L	I	F	W	V	F	Z	E	K	O	A	E	B	V	L
M	F	A	R	E	F	S	Ó	M	T	A	H	C	E	T
S	M	D	U	C	Í	W	F	W	O	I	J	A	N	U
C	O	M	B	U	S	T	I	B	L	E	E	J	T	R
H	I	S	T	O	R	I	A	R	I	M	X	O	U	A
H	A	Í	L	R	K	N	B	T	P	T	Q	R	R	V
R	I	L	D	I	R	E	C	C	I	Ó	N	E	A	O
R	J	D	T	R	Y	O	K	A	T	H	F	J	H	L
J	Í	I	R	I	A	T	E	R	R	I	Z	A	J	E
W	W	U	O	Ó	T	G	Z	A	S	Y	J	S	Í	I
F	N	V	S	Y	G	U	E	A	I	R	E	A	T	C
O	S	N	E	C	S	E	D	V	N	S	M	P	Y	H
D	N	T	X	E	A	S	N	I	A	G	L	O	B	O
M	O	T	O	R	F	U	E	O	D	N	H	K	N	U

ALTURA
ALTITUD
AIRE
ATMÓSFERA
ATERRIZAJE
AVENTURA
COMBUSTIBLE
CIELO
CONSTRUCCIÓN
DIRECCIÓN
DESCENSO
HIDRÓGENO
MOTOR
NAVEGAR
GLOBO
PASAJERO
PILOTO
HISTORIA

72 - Governo

N	N	E	O	K	R	R	Y	D	V	Í	B	C	A	L
Ó	A	A	S	H	I	F	O	Z	X	Í	W	J	C	Í
I	D	C	C	T	M	I	D	B	V	A	P	K	X	D
S	R	K	I	I	A	I	C	I	T	S	U	J	B	E
U	Y	I	B	O	Ó	D	A	T	R	E	B	I	L	R
C	T	G	V	A	N	N	O	S	R	U	C	S	I	D
S	F	Y	Q	K	O	A	J	U	D	I	C	I	A	L
I	Q	Y	X	Í	Y	E	L	I	V	I	C	Y	I	D
D	C	O	N	S	T	I	T	U	C	I	Ó	N	G	I
T	X	L	P	O	L	Í	T	I	C	A	N	B	U	S
P	P	O	T	N	E	M	U	N	O	M	H	M	A	T
V	H	B	D	E	M	O	C	R	A	C	I	A	L	R
V	I	M	C	I	U	D	A	D	A	N	Í	A	D	I
C	V	Í	K	K	E	Z	Y	Í	B	B	C	U	A	T
G	V	S	D	C	P	N	H	U	Q	E	I	J	D	O

LÍDER
CIUDADANÍA
CIVIL
CONSTITUCIÓN
DEMOCRACIA
DISCURSO
DISCUSIÓN
JUDICIAL
JUSTICIA
LEY
LIBERTAD
MONUMENTO
NACIONAL
NACIÓN
POLÍTICA
DISTRITO
SÍMBOLO
ESTADO
IGUALDAD

73 - Bellezza

G	L	B	S	O	I	B	A	L	A	T	N	I	P	V
O	R	Í	L	B	E	Y	T	C	L	E	S	I	M	A
H	S	A	M	E	T	N	A	G	E	L	E	E	V	P
S	C	H	C	U	J	F	H	I	I	I	E	V	S	K
A	E	C	S	I	N	H	M	D	P	O	T	P	V	C
R	E	R	M	T	A	A	R	O	M	A	S	E	N	H
E	N	D	V	P	R	O	D	U	C	T	O	S	S	A
J	C	D	G	I	C	O	L	O	R	W	C	Z	U	M
I	A	H	F	J	C	L	Y	O	S	B	I	G	W	P
T	N	X	K	O	C	I	N	É	G	O	T	O	F	Ú
A	T	O	K	R	R	H	O	A	O	J	É	M	D	T
G	O	R	Í	M	E	L	W	S	E	E	M	W	X	Y
F	R	A	G	A	N	C	I	A	K	P	S	B	Y	N
E	L	E	G	A	N	C	I	A	P	S	O	Z	I	R
E	S	T	I	L	I	S	T	A	H	E	C	J	S	H

COLOR
COSMÉTICOS
ELEGANTE
ELEGANCIA
ENCANTO
TIJERAS
FOTOGÉNICO
FRAGANCIA
GRACIA
RÍMEL

ACEITES
PIEL
PRODUCTOS
AROMA
RIZOS
PINTALABIOS
SERVICIOS
CHAMPÚ
ESPEJO
ESTILISTA

74 - Avventura

A	Z	E	L	A	R	U	T	A	N	E	P	Í	A	U
F	D	A	A	Y	T	B	T	S	K	N	R	A	C	H
L	J	B	U	V	I	A	J	E	S	T	E	D	T	M
N	Ó	I	S	R	U	C	X	E	Q	U	P	I	I	C
N	J	C	U	F	V	W	E	P	K	S	A	F	V	N
I	T	I	N	E	R	A	R	I	O	I	R	I	I	Ó
P	E	L	I	G	R	O	S	O	L	A	A	C	D	I
V	D	E	S	T	I	N	O	P	W	S	C	U	A	C
A	R	J	P	K	G	V	A	E	G	M	I	L	D	A
L	F	B	O	S	G	A	M	O	J	O	Ó	T	Í	G
E	P	W	I	M	Í	N	I	E	X	X	N	A	Z	E
N	D	A	D	I	R	U	G	E	S	K	D	D	W	V
T	M	L	Q	V	L	E	O	B	E	L	L	E	Z	A
Í	Z	N	L	N	R	V	S	N	L	C	G	I	P	N
A	Y	I	V	H	M	O	A	L	E	G	R	Í	A	Q

AMIGOS
ACTIVIDAD
BELLEZA
VALENTÍA
DESTINO
DIFICULTAD
ENTUSIASMO
EXCURSIÓN
ALEGRÍA
INUSUAL
ITINERARIO
NATURALEZA
NAVEGACIÓN
NUEVO
PELIGROSO
PREPARACIÓN
SEGURIDAD
VIAJES

75 - Forme

E	X	O	A	N	S	B	Í	W	S	Y	Í	N	C	M
E	D	I	M	Á	R	I	P	S	Y	L	B	Í	Í	G
E	S	P	I	L	E	Y	O	F	W	Í	O	H	R	K
R	B	F	Y	Y	T	V	U	O	D	A	L	I	C	X
T	E	J	E	B	Y	C	U	R	V	A	U	P	U	C
J	P	C	L	R	W	I	G	D	U	N	G	É	L	N
A	O	C	T	F	A	W	C	N	Z	I	N	R	O	Í
L	L	I	D	Á	E	M	O	I	K	U	Á	B	V	B
L	Í	X	O	C	N	V	N	L	Í	Q	I	O	G	L
I	G	R	Z	B	Í	G	O	I	A	S	R	L	R	U
S	O	B	U	C	L	G	U	C	A	E	T	A	F	J
O	N	P	R	I	S	M	A	L	U	R	Í	F	O	X
K	O	D	A	R	D	A	U	C	O	R	C	J	V	M
L	Q	H	Í	N	F	Y	B	C	V	M	H	O	A	A
B	O	R	D	E	S	A	Q	O	H	Z	Z	J	L	Q

ESQUINA
ARCO
BORDES
CÍRCULO
CILINDRO
CONO
CUBO
CURVA
ELIPSE
HIPÉRBOLA
LADO
LÍNEA
OVAL
PIRÁMIDE
POLÍGONO
PRISMA
CUADRADO
RECTÁNGULO
ESFERA
TRIÁNGULO

76 - Oceano

T	O	R	M	E	N	T	A	D	D	A	X	A	P	B
D	E	O	S	T	R	A	Í	S	P	N	D	T	Y	Z
L	Y	E	U	M	B	A	R	C	O	G	D	Ú	S	F
N	S	M	T	D	Q	F	Y	U	I	U	Q	N	B	T
P	K	H	B	D	B	O	Q	M	Z	I	U	A	A	G
T	J	N	N	Ó	R	A	M	A	C	L	A	R	O	C
P	R	I	J	P	T	S	E	R	I	A	A	A	T	C
A	R	R	E	C	I	F	E	E	O	L	A	S	O	A
N	P	T	P	H	S	Q	P	A	V	S	J	U	R	N
E	Z	E	I	F	G	Z	U	S	W	I	N	D	T	G
L	M	V	S	B	P	B	L	K	G	F	O	E	U	R
L	M	C	O	C	U	P	P	O	P	E	P	M	G	E
A	R	U	G	V	A	R	O	C	J	Q	S	K	A	J
B	O	T	Q	A	R	D	Ó	C	B	S	E	W	M	O
J	B	E	S	F	X	U	O	N	Í	F	L	E	D	F

ANGUILA
BALLENA
BARCO
CORAL
DELFÍN
CAMARÓN
CANGREJO
MAREAS
MEDUSA
OLAS
OSTRA
PESCADO
PULPO
SAL
ARRECIFE
ESPONJA
TIBURÓN
TORTUGA
TORMENTA
ATÚN

77 - Famiglia

M	W	N	W	F	P	O	N	R	E	T	A	P	J	N
M	J	X	T	W	A	N	A	B	U	E	L	A	L	I
G	J	B	L	O	D	A	S	A	P	E	T	N	A	Ñ
U	M	L	X	M	R	M	A	T	E	R	N	O	X	O
E	G	A	Z	I	E	R	H	I	J	A	M	T	S	Í
P	S	C	Í	R	A	E	Z	F	M	W	I	B	Í	T
T	I	P	G	P	Y	H	S	L	C	M	G	C	L	A
J	G	U	O	J	S	N	H	U	B	H	W	U	G	I
N	R	B	K	S	O	Ñ	I	N	X	X	C	Y	U	C
M	A	E	N	H	A	X	O	E	O	S	J	M	T	N
S	O	B	R	I	N	O	I	W	T	Y	Í	A	O	A
N	P	H	H	Z	S	I	F	D	B	O	Q	D	O	F
N	A	B	U	E	L	O	D	I	R	A	M	R	Q	N
K	S	S	Q	I	H	E	R	M	A	N	A	E	G	I
P	I	X	N	X	A	U	N	T	L	N	I	P	Z	E

ANTEPASADO
NIÑOS
NIÑO
PRIMO
HIJA
HERMANO
INFANCIA
MADRE
MARIDO
MATERNO

ESPOSA
SOBRINO
NIETO
ABUELA
ABUELO
PADRE
PATERNO
HERMANA
TÍA
TÍO

78 - Creatività

F	I	R	N	R	C	K	Q	X	L	O	I	D	I	H
D	M	Q	X	L	L	B	I	D	P	N	N	R	I	Í
T	P	N	N	B	A	V	D	A	M	H	S	A	N	Y
N	R	E	D	M	R	F	E	D	U	A	P	M	V	I
B	E	T	O	H	I	M	A	I	T	B	I	Á	E	M
F	S	G	V	R	D	Z	S	C	P	I	R	T	N	A
R	I	K	A	Y	A	Y	O	I	O	L	A	I	T	G
U	Ó	Z	C	M	D	M	Q	T	C	I	C	C	I	I
Z	N	Ó	I	C	I	U	T	N	I	D	I	O	V	N
N	Ó	I	S	E	R	P	X	E	T	A	Ó	J	O	A
F	L	U	I	D	E	Z	M	T	S	D	N	L	Y	C
V	I	S	I	O	N	E	S	U	Í	D	D	E	V	I
Z	K	N	J	F	N	Í	J	A	T	K	Y	V	D	Ó
E	M	O	C	I	O	N	E	S	R	U	X	Y	S	N
S	E	N	S	A	C	I	Ó	N	A	C	Z	G	V	P

HABILIDAD
ARTÍSTICO
AUTENTICIDAD
CLARIDAD
DRAMÁTICO
EMOCIONES
EXPRESIÓN
FLUIDEZ
IDEAS
IMAGINACIÓN
IMAGEN
IMPRESIÓN
INTUICIÓN
INVENTIVO
INSPIRACIÓN
SENSACIÓN
VISIONES

79 - Emozioni

B	R	A	U	L	A	Í	T	A	P	M	I	S	I	S
E	J	N	L	T	V	C	W	G	F	Í	A	Q	R	A
A	O	T	N	E	I	M	I	R	R	U	B	A	A	T
T	D	Y	B	D	M	A	U	A	M	L	A	C	G	I
I	A	T	O	A	X	M	L	D	A	D	N	O	B	S
T	J	E	D	D	A	O	W	E	P	A	Z	T	C	F
U	A	R	A	I	A	R	M	C	V	G	G	R	O	E
D	L	N	N	L	Í	Z	E	I	Z	U	D	I	N	C
J	E	U	O	I	R	E	N	D	R	B	M	S	T	H
V	R	R	I	U	G	V	M	O	Z	A	A	T	E	O
R	Í	A	C	Q	E	X	I	Z	G	E	B	E	N	Q
L	N	I	O	N	L	V	E	J	V	R	V	Z	I	A
J	Y	H	M	A	A	Z	D	Z	I	K	E	A	D	D
S	A	S	E	R	P	R	O	S	R	D	Y	V	O	J
X	M	D	F	T	P	M	T	S	P	J	Í	N	A	V

AMOR
BEATITUD
CALMA
CONTENIDO
EMOCIONADO
BONDAD
ALEGRÍA
AGRADECIDO
AVERGONZADO
ABURRIMIENTO
PAZ
MIEDO
IRA
RELAJADO
SIMPATÍA
SATISFECHO
SORPRESA
TERNURA
TRANQUILIDAD
TRISTEZA

80 - Natura

L	Í	J	W	Z	F	A	T	G	Y	L	W	N	L	N
O	W	V	J	H	O	B	S	R	L	C	S	W	G	N
E	D	Q	Z	F	L	E	A	E	O	A	Z	T	H	T
F	V	H	Í	J	L	J	Ñ	U	R	P	C	C	L	N
N	U	B	E	S	A	A	A	Q	Á	E	I	I	R	F
W	U	S	B	S	J	S	T	S	R	V	N	C	A	Í
N	H	K	K	A	E	E	N	O	T	I	T	O	A	R
G	B	G	Q	L	F	L	O	B	I	T	S	I	L	L
E	Z	O	O	V	R	A	M	E	C	A	O	G	B	O
D	D	T	S	A	O	M	N	G	O	L	Z	U	E	I
T	R	Í	O	J	U	I	Z	F	X	R	X	F	I	H
H	L	U	F	E	G	N	Ó	I	S	O	R	E	N	C
E	W	S	O	I	R	A	U	T	N	A	S	R	B	P
T	W	J	B	E	L	L	E	Z	A	Y	X	I	G	E
D	I	N	Á	M	I	C	O	T	R	E	I	S	E	D

ANIMALES
ABEJAS
ÁRTICO
BELLEZA
DESIERTO
DINÁMICO
EROSIÓN
RÍO
FOLLAJE
BOSQUE
GLACIAR
MONTAÑAS
NIEBLA
NUBES
REFUGIO
SANTUARIO
SALVAJE
SERENO
TROPICAL
VITAL

81 - Balletto

G	V	K	A	H	U	Z	A	Y	D	P	A	H	A	E
E	Y	K	Í	U	A	C	I	T	C	Á	R	P	G	X
S	R	O	J	Q	D	B	G	H	D	K	O	S	R	P
T	S	C	P	J	V	I	I	W	G	S	X	O	A	R
O	S	U	A	L	P	A	E	L	O	D	L	A	C	E
M	Ú	S	C	U	L	O	S	N	I	A	H	Í	I	S
A	R	T	Í	S	T	I	C	O	C	D	Y	R	A	I
E	B	A	I	L	A	R	I	N	A	I	A	Y	D	V
O	N	Q	T	É	C	N	I	C	A	S	A	D	O	O
S	N	S	W	M	N	P	I	L	J	N	M	V	L	M
O	B	D	A	J	C	U	P	T	Y	E	Ú	G	I	T
X	U	M	Z	Y	G	V	R	V	O	T	S	J	T	I
R	O	T	I	S	O	P	M	O	C	N	I	V	S	R
O	R	Q	U	E	S	T	A	V	Q	I	C	L	E	W
K	B	A	I	L	A	R	I	N	E	S	A	C	E	I

HABILIDAD
APLAUSO
ARTÍSTICO
BAILARINA
BAILARINES
COMPOSITOR
EXPRESIVO
GESTO
AGRACIADO
INTENSIDAD
MÚSCULOS
MÚSICA
ORQUESTA
PRÁCTICA
ENSAYO
AUDIENCIA
RITMO
ESTILO
TÉCNICA

82 - Paesi #1

F	S	N	Á	M	A	N	A	P	Í	L	A	M	C	D
J	E	O	D	A	A	Ñ	A	P	S	E	I	K	B	Z
L	N	R	A	N	I	R	H	C	Í	A	N	B	U	L
L	E	U	N	T	N	A	R	P	S	R	A	S	I	A
Y	G	E	A	E	A	L	F	U	Y	S	M	W	O	A
I	A	G	C	I	M	E	W	R	E	I	U	G	G	I
F	L	A	L	V	E	U	D	Í	E	C	R	A	Q	B
Y	I	S	F	M	L	Z	J	F	P	D	O	Y	D	R
G	S	N	C	A	A	E	G	I	P	T	O	S	P	A
O	G	C	L	K	I	N	F	I	Q	F	O	X	O	S
D	Z	J	T	A	D	E	O	G	J	A	G	S	L	I
G	U	W	U	R	N	V	U	S	A	M	S	C	O	L
G	M	Q	S	I	I	D	G	R	Q	M	W	Z	N	I
C	A	M	B	O	Y	A	I	R	V	H	R	U	I	W
X	L	O	T	D	A	W	Í	A	M	O	W	D	A	N

BRASIL
CAMBOYA
CANADÁ
EGIPTO
FINLANDIA
ALEMANIA
INDIA
IRAK
ISRAEL
LIBIA
MALÍ
MARRUECOS
NORUEGA
PANAMÁ
POLONIA
RUMANIA
SENEGAL
ESPAÑA
VENEZUELA
VIETNAM

83 - Geometria

S	U	P	E	R	F	I	C	I	E	L	A	B	T	O
R	R	C	T	T	L	T	P	U	V	R	X	S	R	D
U	R	X	E	J	X	L	E	R	O	I	J	M	I	I
K	R	W	V	H	B	A	Ó	O	I	Q	S	E	Á	Á
S	I	M	E	T	R	Í	A	G	R	W	N	D	N	M
V	E	R	T	I	C	A	L	N	I	Í	X	I	G	E
X	C	M	S	O	I	O	K	U	H	C	A	A	U	T
A	Í	N	Ú	M	E	R	O	U	Z	W	A	N	L	R
Á	R	P	R	O	P	O	R	C	I	Ó	N	A	O	O
N	C	U	H	O	R	I	Z	O	N	T	A	L	G	C
G	U	P	T	J	H	E	C	U	A	C	I	Ó	N	U
U	L	C	Á	L	C	U	L	O	Y	A	K	P	O	R
L	O	B	T	P	A	P	A	R	A	L	E	L	O	V
O	T	N	E	M	G	E	S	P	L	G	G	S	O	A
L	I	F	A	U	D	I	M	E	N	S	I	Ó	N	I

ALTURA
ÁNGULO
CÁLCULO
CÍRCULO
CURVA
DIÁMETRO
DIMENSIÓN
ECUACIÓN
LÓGICA
MEDIANA
NÚMERO
HORIZONTAL
PARALELO
PROPORCIÓN
SEGMENTO
SIMETRÍA
SUPERFICIE
TEORÍA
TRIÁNGULO
VERTICAL

84 - Foresta Pluviale

N	D	S	U	P	E	R	V	I	V	E	N	C	I	A
A	I	V	L	S	P	R	N	F	M	U	Q	Y	O	N
T	V	O	D	E	R	E	I	C	E	P	S	E	C	E
U	E	E	N	L	E	S	O	T	C	E	S	N	I	G
R	R	S	W	V	S	T	T	S	E	K	P	A	N	Í
A	S	N	G	A	E	A	E	O	O	O	F	S	Á	D
L	I	U	G	D	R	U	P	I	G	I	V	O	T	N
E	D	B	N	D	V	R	S	B	S	G	L	R	O	I
Z	A	E	M	H	A	A	E	I	U	U	X	A	B	H
A	D	S	Z	I	C	C	R	F	M	F	K	J	V	Z
M	D	Í	R	G	I	I	M	N	B	E	G	Á	J	O
I	D	J	S	N	Ó	Ó	W	A	U	R	L	P	C	N
L	Í	H	G	C	N	N	R	U	A	E	W	F	S	E
C	O	M	U	N	I	D	A	D	T	X	O	U	Í	T
K	N	E	H	W	O	M	A	M	Í	F	E	R	O	S

ANFIBIOS
BOTÁNICO
CLIMA
COMUNIDAD
DIVERSIDAD
SELVA
INDÍGENA
INSECTOS
MAMÍFEROS
MUSGO
NATURALEZA
NUBES
PRESERVACIÓN
VALIOSO
RESTAURACIÓN
REFUGIO
RESPETO
SUPERVIVENCIA
ESPECIE
PÁJAROS

85 - Edifici

M	X	O	X	L	C	A	R	P	A	O	I	T	U	M
U	H	D	L	A	N	I	B	A	C	B	Z	Í	N	R
S	N	A	E	B	L	V	X	Y	E	S	S	G	Í	X
E	O	C	N	O	M	A	Z	Y	U	E	R	R	O	T
O	T	R	O	R	E	N	A	R	G	R	E	V	U	B
M	N	E	K	A	E	B	F	L	R	V	M	R	N	Z
E	E	M	Z	T	H	Q	V	Z	E	A	B	N	I	M
W	M	R	I	O	T	O	L	A	B	T	A	J	V	W
B	A	E	E	R	E	E	T	N	L	O	J	F	E	Y
O	T	P	W	I	R	S	A	E	A	R	A	Á	R	V
T	R	U	F	O	P	R	C	T	L	I	D	B	S	I
C	A	S	T	I	L	L	O	U	R	O	A	R	I	N
F	P	C	I	N	E	S	Y	D	E	O	F	I	D	C
L	A	T	I	P	S	O	H	Y	N	L	R	C	A	G
E	S	T	A	D	I	O	V	Z	R	K	A	A	D	X

EMBAJADA
APARTAMENTO
CABINA
CASTILLO
CINE
FÁBRICA
GRANERO
HOTEL
LABORATORIO
MUSEO
HOSPITAL
OBSERVATORIO
ALBERGUE
ESCUELA
ESTADIO
SUPERMERCADO
TEATRO
CARPA
TORRE
UNIVERSIDAD

86 - Malattia

O	D	M	L	O	I	H	L	P	V	C	X	Í	G	D
O	C	I	T	É	N	E	G	U	L	O	E	D	C	É
S	K	N	S	F	F	R	R	L	U	N	F	X	R	B
A	A	K	M	W	L	E	C	M	Z	T	Q	P	H	I
I	C	L	D	Í	A	D	O	O	Z	A	Q	M	N	L
G	I	G	U	I	M	I	R	N	F	G	A	N	I	T
R	N	H	O	D	A	T	A	A	C	I	B	E	N	E
E	Ó	S	J	Y	C	A	Z	R	U	O	D	U	M	R
L	R	Q	W	V	I	R	Ó	P	E	S	O	R	U	A
A	C	L	V	T	Ó	I	N	C	R	O	M	O	N	P
A	G	U	D	O	N	O	I	D	P	X	I	P	I	I
B	I	E	N	E	S	T	A	R	O	D	N	A	D	A
S	Í	N	D	R	O	M	E	U	P	Y	A	T	A	O
G	W	L	U	M	B	A	R	K	Q	H	L	Í	D	Í
R	E	S	P	I	R	A	T	O	R	I	O	A	I	H

AGUDO
ABDOMINAL
ALERGIAS
BIENESTAR
CONTAGIOSO
CUERPO
CRÓNICA
CORAZÓN
DÉBIL
HEREDITARIO

GENÉTICO
INMUNIDAD
INFLAMACIÓN
LUMBAR
NEUROPATÍA
PULMONAR
RESPIRATORIO
SALUD
SÍNDROME
TERAPIA

87 - Paesi #2

A	U	E	X	W	C	W	J	Z	N	H	V	R	U	Q
I	C	U	T	K	A	B	A	I	R	E	G	I	N	Í
R	R	I	X	I	K	Y	P	Z	I	V	N	F	Í	L
L	A	P	E	N	O	W	Ó	B	Z	F	R	G	Í	D
A	N	A	M	U	C	P	N	S	Y	G	R	P	J	Y
N	I	T	I	X	D	S	Í	T	I	A	H	B	U	A
D	A	I	S	U	R	T	I	A	S	U	D	Á	N	L
A	I	M	I	N	D	O	N	E	S	I	A	C	P	B
I	R	C	É	H	A	C	O	E	U	O	H	U	A	A
C	I	C	Z	X	C	Í	E	C	G	L	A	B	K	N
E	S	T	J	I	I	J	A	T	A	O	T	L	I	I
R	V	Z	M	O	A	C	G	G	N	P	U	G	S	A
G	T	P	N	Q	M	U	O	L	D	R	T	A	T	K
D	I	N	A	M	A	R	C	A	A	Z	D	K	Á	H
A	Z	T	N	Í	J	L	I	B	E	R	I	A	N	K

ALBANIA
DINAMARCA
ETIOPÍA
JAMAICA
JAPÓN
GRECIA
HAITÍ
INDONESIA
IRLANDA
LAOS
LIBERIA
MÉXICO
NEPAL
NIGERIA
PAKISTÁN
RUSIA
SIRIA
SUDÁN
UCRANIA
UGANDA

88 - Tipi di Capelli

F	U	B	M	U	Z	J	R	V	M	X	Z	C	Í	D
N	G	K	H	C	M	R	X	E	B	U	R	N	D	F
Ó	C	V	K	W	Z	A	D	T	W	A	P	G	E	J
R	U	B	I	O	B	L	A	N	C	O	O	Í	L	Z
R	J	T	R	T	R	S	R	I	Z	A	D	O	G	S
A	G	R	C	R	F	I	A	J	X	P	A	D	A	D
M	S	E	T	O	R	G	E	N	P	L	Z	A	D	S
W	A	N	Z	C	L	P	M	H	Z	A	N	L	A	E
W	L	Z	X	X	A	O	C	C	E	T	E	U	N	C
G	U	A	S	O	Z	I	R	A	K	A	R	D	L	O
N	D	S	U	S	Í	G	Z	E	L	M	T	N	A	J
X	A	R	A	E	P	R	V	R	A	V	I	O	R	G
G	B	K	V	U	N	I	L	L	N	D	O	Q	G	W
B	L	A	E	R	O	S	F	Z	H	O	O	D	O	E
R	E	T	B	G	B	T	J	Y	D	C	D	A	Y	L

PLATA
SECO
BLANCO
RUBIO
CORTO
CALVO
COLOREADO
GRIS
TRENZADO
LARGO
MARRÓN
SUAVE
NEGRO
ONDULADO
RIZADO
RIZOS
SALUDABLE
DELGADA
GRUESO
TRENZAS

89 - Vestiti

F	D	P	C	L	L	E	Q	H	C	B	O	N	T	H
S	A	I	L	A	D	N	A	S	H	J	L	F	T	A
M	U	J	L	C	F	C	V	E	A	E	C	U	H	D
I	P	A	D	O	M	T	E	T	Q	A	A	Z	S	N
C	D	M	Z	L	W	D	S	N	U	N	M	J	Í	A
E	I	A	D	L	A	F	T	A	E	S	I	H	K	F
J	K	N	N	A	O	E	I	U	T	D	S	S	H	U
A	D	C	T	R	X	D	D	G	A	O	A	B	B	B
S	N	Y	Y	U	A	T	O	J	A	B	R	I	G	O
U	F	I	N	O	R	E	R	B	M	O	S	M	F	P
É	E	O	C	X	E	Ó	D	E	L	A	N	T	A	L
T	S	M	K	O	S	E	N	O	L	A	T	N	A	P
E	L	E	X	S	L	R	K	W	B	H	A	L	W	F
R	Z	P	C	Q	U	B	U	S	Y	F	W	F	S	O
T	F	Q	I	Y	P	Z	A	P	A	T	O	E	F	W

VESTIDO
PULSERA
BLUSA
CAMISA
SOMBRERO
ABRIGO
CINTURÓN
COLLAR
CHAQUETA
FALDA
DELANTAL
GUANTES
JEANS
SUÉTER
MODA
PANTALONES
PIJAMA
SANDALIAS
ZAPATO
BUFANDA

90 - Attività e Tempo Libero

N	R	B	X	P	D	Q	W	D	Í	Z	J	R	V	A
O	A	U	V	X	F	D	R	H	U	Í	D	O	I	F
T	C	C	K	Z	N	A	T	A	C	I	Ó	N	A	I
S	O	E	X	O	B	Í	Í	O	D	N	Í	Z	J	C
E	Y	O	M	A	R	T	E	I	O	O	O	E	E	I
C	S	B	É	I	S	B	O	L	O	B	T	Ú	F	O
N	A	C	S	E	P	W	S	U	R	F	R	V	H	N
O	G	M	S	E	N	D	E	R	I	S	M	O	F	E
L	N	O	P	Í	L	C	L	I	P	X	I	U	V	S
A	W	C	L	I	U	Z	R	A	R	U	T	N	I	P
B	T	G	A	F	N	C	O	M	P	R	A	S	E	M
Y	T	O	S	C	J	G	P	K	Q	T	F	U	N	T
R	E	L	A	J	A	N	T	E	L	C	M	A	L	Y
J	A	R	D	I	N	E	R	Í	A	S	I	B	L	L
V	O	L	E	I	B	O	L	Í	C	Y	U	S	K	A

ARTE
BÉISBOL
BALONCESTO
BOXEO
FÚTBOL
CAMPING
SENDERISMO
JARDINERÍA
GOLF
AFICIONES
BUCEO
NATACIÓN
VOLEIBOL
PESCA
PINTURA
RELAJANTE
COMPRAS
SURF
TENIS
VIAJE

91 - Arte

R	P	C	O	S	H	B	F	V	G	J	P	K	V	K
E	E	E	R	E	U	I	I	I	J	X	F	V	L	W
T	R	R	I	N	M	O	G	Q	M	I	K	P	I	O
R	S	Á	G	C	O	A	U	X	C	Q	Q	S	A	J
A	O	M	I	I	R	A	R	U	T	L	U	C	S	E
T	N	I	N	L	H	Í	A	G	N	O	R	V	X	L
A	A	C	A	L	H	S	M	L	U	Q	B	T	C	P
R	L	A	L	O	Q	E	E	U	O	T	Z	K	R	M
P	X	S	A	Í	U	O	T	S	Í	M	B	O	L	O
P	O	D	A	R	I	P	S	N	I	B	T	T	V	C
R	S	U	R	R	E	A	L	I	S	M	O	S	I	O
S	A	R	U	T	N	I	P	W	J	I	S	E	S	R
E	J	E	D	U	G	T	X	H	M	V	I	N	U	K
E	X	P	R	E	S	I	Ó	N	C	H	R	O	A	P
W	N	Ó	I	C	I	S	O	P	M	O	C	H	L	N

CERÁMICA
COMPLEJO
COMPOSICIÓN
CREAR
PINTURAS
EXPRESIÓN
FIGURA
INSPIRADO
HONESTO
ORIGINAL
PERSONAL
POESÍA
RETRATAR
ESCULTURA
SENCILLO
SÍMBOLO
TEMA
SURREALISMO
HUMOR
VISUAL

92 - Corpo Umano

L	I	V	S	S	O	P	M	O	N	A	M	Q	F	X
B	A	R	B	I	L	L	A	C	A	I	H	E	F	I
G	I	Q	U	J	T	T	J	O	R	J	H	D	F	Í
T	R	X	N	L	I	A	L	R	I	X	O	D	O	C
N	E	Q	K	A	H	Q	E	A	Z	T	M	K	L	L
E	V	D	M	Z	N	D	Z	Z	J	B	B	E	L	K
O	Í	D	M	E	Q	O	F	Ó	T	O	R	E	I	Z
D	R	E	L	B	F	B	O	N	W	C	O	J	B	V
O	J	O	G	A	M	Ó	T	S	E	A	X	I	O	L
R	R	D	D	C	U	E	L	L	O	R	S	Í	T	K
B	J	E	Í	I	E	F	G	J	K	A	G	M	S	Í
E	M	N	J	B	L	D	E	D	O	C	F	N	R	Q
R	I	O	F	A	E	L	W	N	Y	T	T	Í	A	I
E	H	J	F	Q	I	A	A	N	R	E	I	P	L	S
C	F	H	P	E	P	I	L	T	A	O	K	M	X	F

BOCA
TOBILLO
CEREBRO
CUELLO
CORAZÓN
DEDO
CARA
PIERNA
RODILLA
CODO
MANO
BARBILLA
NARIZ
OJO
OREJA
PIEL
SANGRE
HOMBRO
ESTÓMAGO
CABEZA

93 - Mammiferi

X	X	Z	O	R	R	O	S	O	J	Q	Í	Z	K	Q
D	Q	E	L	C	I	E	R	V	O	I	G	V	F	Z
N	Í	F	L	E	D	G	I	M	E	G	R	A	G	W
S	G	V	A	N	E	L	L	A	B	Q	T	A	T	S
T	X	D	B	G	O	R	I	L	A	K	U	J	F	O
F	C	D	A	H	F	C	E	B	R	A	P	E	E	A
S	M	Í	C	R	H	Q	D	Z	W	I	Z	V	T	Z
C	A	N	G	U	R	O	L	O	B	O	M	O	N	O
F	F	G	H	T	O	R	J	K	Í	A	M	G	A	Í
E	S	A	H	X	A	R	X	E	I	Í	X	K	F	F
T	O	R	O	O	H	E	H	X	N	V	N	Ó	E	L
O	O	W	S	R	X	P	D	Y	C	O	E	Z	L	W
Y	G	Y	A	P	Y	H	A	V	Z	K	C	B	E	Z
O	P	W	O	L	Q	W	N	A	N	D	I	U	E	R
C	M	I	Í	O	J	M	I	P	Í	V	M	M	Q	T

BALLENA
PERRO
CANGURO
CABALLO
CIERVO
CONEJO
COYOTE
DELFÍN
ELEFANTE
GATO
JIRAFA
GORILA
LEÓN
LOBO
OSO
OVEJA
MONO
TORO
ZORRO
CEBRA

94 - Cucina

J	U	J	P	T	A	Z	Ó	N	O	W	E	M	E	E
A	R	B	R	A	T	E	L	L	I	V	R	E	S	S
R	O	S	O	L	L	I	H	C	U	C	C	C	P	P
R	D	A	D	L	H	I	V	G	C	O	U	O	O	E
A	A	U	A	I	J	O	L	N	B	K	C	M	N	C
Q	R	H	L	R	V	T	R	L	M	M	H	I	J	I
E	E	E	E	R	D	A	O	N	O	X	A	D	A	A
I	G	O	G	A	I	Z	E	I	O	S	R	A	R	S
Í	I	Í	N	P	S	A	M	M	C	A	Ó	G	E	T
D	R	U	O	T	Q	S	K	T	A	R	N	F	D	W
B	F	W	C	D	E	L	A	N	T	A	L	G	L	Y
T	E	N	E	D	O	R	E	S	E	H	P	N	A	E
O	R	R	A	T	B	G	R	S	C	C	Y	K	C	K
H	U	P	E	M	H	S	K	V	E	U	Í	T	J	O
H	B	T	O	L	M	X	E	B	R	C	D	B	Í	S

PALILLOS
CALDERA
JARRA
COMIDA
TAZÓN
CUCHILLOS
CONGELADOR
CUCHARAS
TENEDORES
HORNO
REFRIGERADOR
DELANTAL
PARRILLA
CUCHARÓN
RECETA
ESPECIAS
ESPONJA
TAZAS
SERVILLETA
TARRO

95 - Giardinaggio

R	O	D	E	N	E	T	N	O	C	S	C	W	O	F
B	A	J	O	H	H	Z	Z	I	O	E	L	F	I	B
O	Z	M	V	F	L	O	R	V	C	M	I	O	O	Z
T	Í	S	O	T	R	E	U	H	B	I	M	L	I	C
Á	O	W	X	N	P	R	J	I	U	L	A	L	Í	O
N	N	Z	A	F	L	O	R	A	L	L	A	A	L	M
I	Í	Í	Y	D	Y	N	L	R	Í	A	H	J	A	E
C	X	F	F	A	E	I	C	E	P	S	E	E	N	S
O	R	G	K	D	G	Í	K	U	U	A	C	C	O	T
R	D	A	D	E	M	U	H	G	X	S	G	W	I	I
E	X	Ó	T	I	C	O	A	N	D	S	L	U	C	B
F	I	W	U	C	G	Q	A	A	F	V	U	X	A	L
K	Q	Y	P	U	S	Í	C	M	V	S	K	B	T	E
R	G	J	T	S	O	P	M	O	C	M	O	V	S	U
A	D	A	U	G	D	X	Y	Y	I	K	R	Q	E	I

AGUA
BOTÁNICO
CLIMA
COMESTIBLE
COMPOST
CONTENEDOR
EXÓTICO
FLOR
FLORAL
HOJA
FOLLAJE
HUERTO
RAMO
SEMILLAS
ESPECIE
SUCIEDAD
ESTACIONAL
SUELO
MANGUERA
HUMEDAD

96 - Jazz

C	O	M	P	O	S	I	T	O	R	O	E	R	F	C
Y	W	Y	X	Í	O	G	U	D	W	R	W	X	O	O
A	É	S	A	C	I	S	Ú	M	O	Q	E	A	S	N
S	P	N	L	S	O	Í	R	D	M	U	B	L	Á	C
Q	O	L	F	A	D	M	O	T	N	E	L	A	T	I
G	J	S	A	A	X	C	P	R	L	S	G	U	P	E
X	E	A	I	U	S	P	S	O	G	T	F	L	J	R
R	I	T	M	O	S	I	E	E	S	A	X	A	W	T
D	V	D	F	F	M	O	S	C	H	I	T	Í	Í	O
E	S	T	I	L	O	S	A	C	I	N	C	É	T	V
X	A	C	F	A	V	O	R	I	T	O	S	I	B	E
G	É	N	E	R	O	M	F	Y	O	U	F	J	Ó	U
J	W	O	Z	A	V	A	A	R	T	I	S	T	A	N
K	V	E	F	W	I	F	C	A	N	C	I	Ó	N	P
I	M	P	R	O	V	I	S	A	C	I	Ó	N	S	Q

ÁLBUM
APLAUSO
ARTISTA
CANCIÓN
COMPOSITOR
COMPOSICIÓN
CONCIERTO
ÉNFASIS
FAMOSO
GÉNERO
IMPROVISACIÓN
MÚSICA
NUEVO
ORQUESTA
FAVORITOS
RITMO
ESTILO
TALENTO
TÉCNICA
VIEJO

97 - Attività

R	E	L	A	J	A	C	I	Ó	N	A	J	U	T	Q
Z	J	Q	B	Q	M	Í	A	P	B	R	T	C	B	K
X	Q	G	A	Í	F	A	R	G	O	T	O	F	Y	H
S	E	N	D	E	R	I	S	M	O	E	T	R	A	A
K	L	I	C	C	D	B	K	O	P	S	Í	B	Y	B
E	I	P	B	O	A	V	A	C	L	A	G	Q	J	I
R	A	M	Q	J	S	Z	X	I	A	N	G	D	V	L
C	B	A	N	K	T	T	A	O	C	Í	T	N	F	I
P	E	C	O	Z	B	V	U	Z	E	A	V	D	Y	D
O	A	R	U	T	C	E	L	R	R	H	O	M	H	A
O	D	Í	Á	D	X	Í	G	B	A	X	U	P	Y	D
B	B	U	Í	M	J	A	R	D	I	N	E	R	Í	A
P	E	S	C	A	I	H	D	J	U	E	G	O	S	S
M	A	G	I	A	X	C	M	K	L	U	T	Í	A	K
B	Í	V	L	O	V	D	A	D	I	V	I	T	C	A

HABILIDAD
ARTE
ARTESANÍA
ACTIVIDAD
CAZA
CAMPING
CERÁMICA
COSTURA
BAILE
SENDERISMO
FOTOGRAFÍA
JARDINERÍA
JUEGOS
LECTURA
MAGIA
PESCA
PLACER
RELAJACIÓN
OCIO

98 - Diplomazia

R	G	O	B	I	E	R	N	O	Z	K	Z	N	X	N
S	E	C	C	O	O	P	E	R	A	C	I	Ó	N	L
N	C	S	Í	É	V	Y	D	R	D	P	A	I	Ó	G
D	O	E	O	V	T	F	I	U	A	O	H	S	I	G
N	M	M	J	L	I	I	P	Z	J	L	U	U	C	J
S	U	B	C	Z	U	C	C	V	A	Í	I	C	U	U
E	N	A	Y	L	A	C	O	A	B	T	Z	S	L	S
G	I	J	K	G	S	O	I	C	M	I	J	I	O	T
U	D	A	O	T	E	D	X	Ó	E	C	F	D	S	I
R	A	D	U	E	S	A	F	T	N	A	V	S	T	C
I	D	O	P	L	O	T	C	I	L	F	N	O	C	I
D	Y	R	O	I	R	A	T	I	N	A	M	U	H	A
A	I	N	T	E	G	R	I	D	A	D	K	Y	Q	C
D	F	C	O	C	I	T	Á	M	O	L	P	I	D	X
C	I	U	D	A	D	A	N	O	S	W	Y	O	P	U

EMBAJADA
EMBAJADOR
CIUDADANOS
CÍVICO
COMUNIDAD
CONFLICTO
ASESOR
COOPERACIÓN
DIPLOMÁTICO
DISCUSIÓN
ÉTICA
JUSTICIA
GOBIERNO
INTEGRIDAD
POLÍTICA
RESOLUCIÓN
SEGURIDAD
SOLUCIÓN
TRATADO
HUMANITARIO

99 - Forniture Artistiche

P	H	X	L	C	A	U	G	A	F	C	C	P	O	Q
Q	J	I	Á	S	E	R	O	L	O	C	A	E	Z	B
H	A	R	P	M	B	P	C	P	O	L	R	G	L	I
F	S	W	I	V	E	K	I	I	C	Q	B	A	U	L
C	C	Í	C	N	K	S	W	L	L	S	Ó	M	H	L
L	O	E	E	U	V	A	A	E	L	L	N	E	V	C
E	B	T	S	F	I	E	Z	P	Q	O	A	N	A	Á
U	S	I	L	L	A	D	O	A	Q	A	S	T	C	M
Í	E	E	V	G	X	I	W	P	T	Y	W	O	U	A
I	L	C	C	A	B	A	L	L	E	T	E	T	A	R
K	E	A	C	R	Í	L	I	C	O	U	P	X	R	A
E	T	B	O	R	R	A	D	O	R	O	Z	J	E	Q
W	S	I	D	W	U	K	U	C	A	W	Q	V	L	R
D	A	D	I	V	I	T	A	E	R	C	X	D	A	Í
B	P	M	Z	Y	E	X	O	T	I	N	T	A	S	L

AGUA
ACUARELAS
ACRÍLICO
ARCILLA
CARBÓN
PAPEL
CABALLETE
PEGAMENTO
COLORES
CREATIVIDAD

BORRADOR
IDEAS
TINTA
LÁPICES
ACEITE
PASTELES
SILLA
CEPILLOS
MESA
CÁMARA

100 - Misurazioni

D	L	G	L	B	I	U	Z	P	O	B	N	K	T	T
U	W	F	Í	Y	D	C	C	E	N	T	O	U	O	O
T	W	W	L	T	G	E	P	U	E	U	L	L	N	U
H	K	I	V	E	U	S	C	U	W	O	A	O	E	C
I	F	Z	J	O	T	U	N	I	M	U	R	N	L	S
K	I	L	Ó	M	E	T	R	O	M	F	U	G	A	P
H	Q	N	P	E	S	O	H	C	N	A	T	I	D	U
G	I	K	C	K	U	Z	O	U	D	Q	L	T	A	L
O	R	T	I	L	Y	F	C	N	H	V	A	U	A	G
G	D	A	D	I	D	N	U	F	O	R	P	D	X	A
P	R	P	D	K	I	L	O	G	R	A	M	O	E	D
I	F	A	B	O	R	T	E	M	Í	T	N	E	C	A
N	X	H	M	E	T	O	F	W	I	Z	B	V	W	L
T	Y	Í	T	O	R	T	E	M	O	N	Z	A	B	F
A	V	O	L	U	M	E	N	B	W	S	S	L	P	P

ALTURA
BYTE
CENTÍMETRO
KILOGRAMO
KILÓMETRO
DECIMAL
GRADO
GRAMO
ANCHO
LITRO
LONGITUD
METRO
MINUTO
ONZA
PESO
PINTA
PULGADA
PROFUNDIDAD
TONELADA
VOLUMEN

1 - Salute e Benessere #2

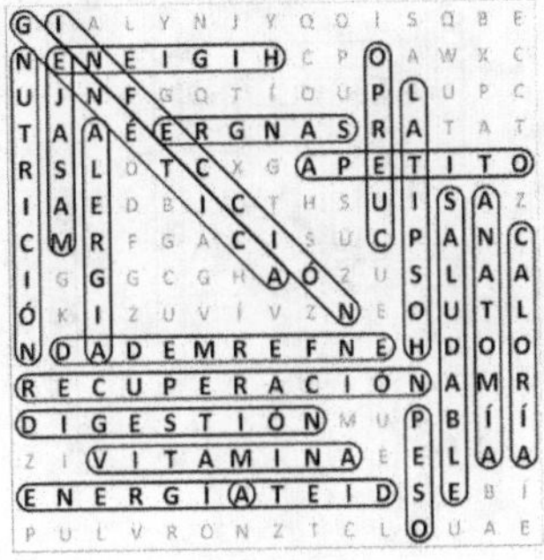

2 - Aggettivi #2

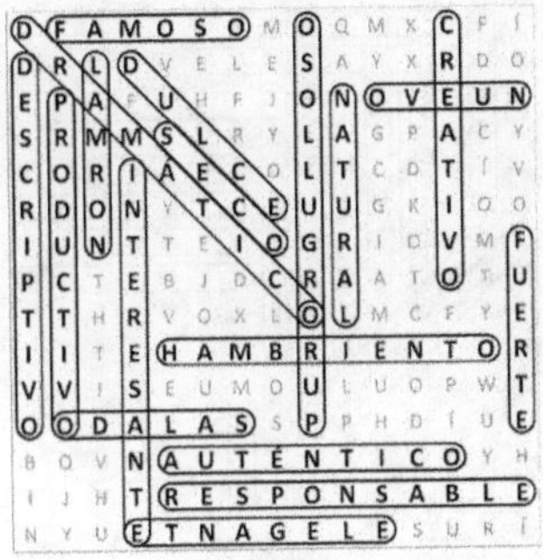

3 - Ingegneria

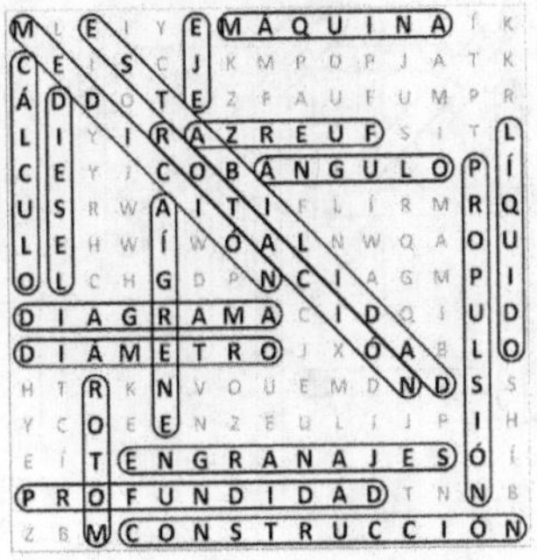

4 - Archeologia

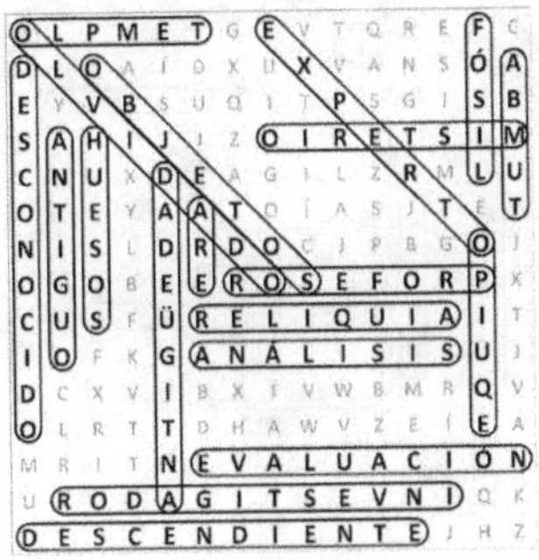

5 - Salute e Benessere #1

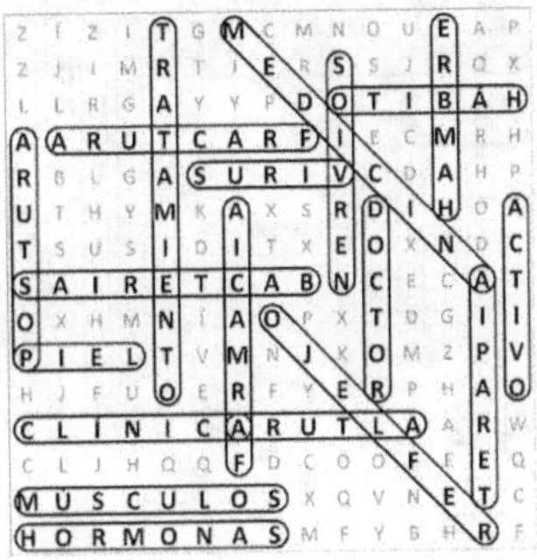

6 - Aggettivi #1

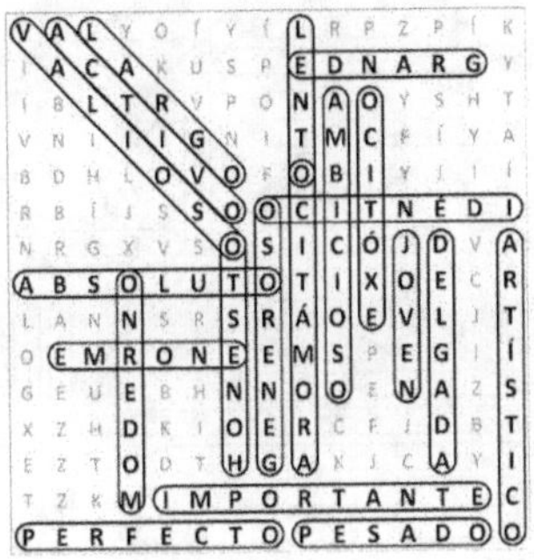

7 - Geologia

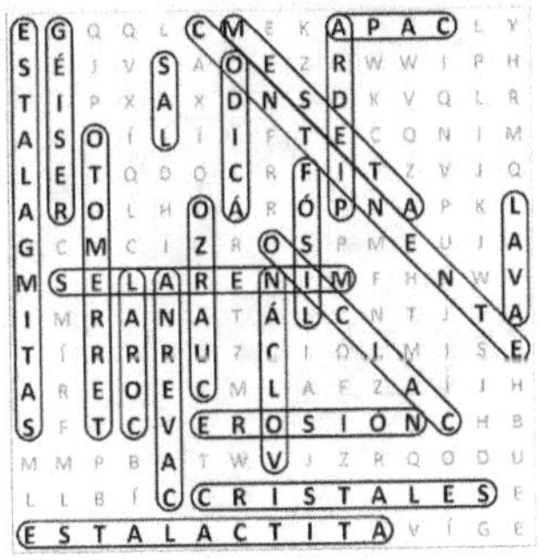

8 - Campeggio

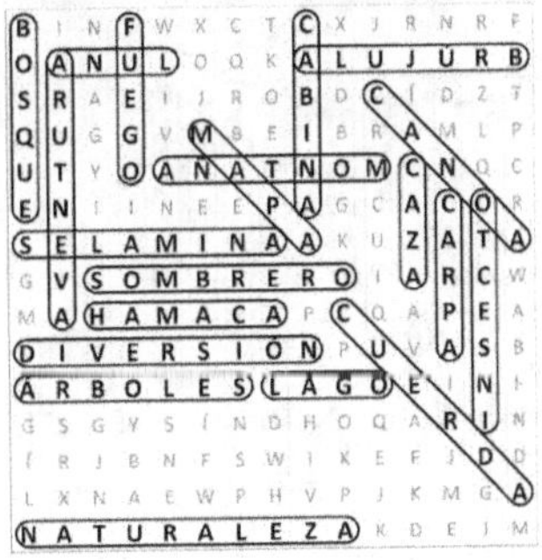

9 - Tempo

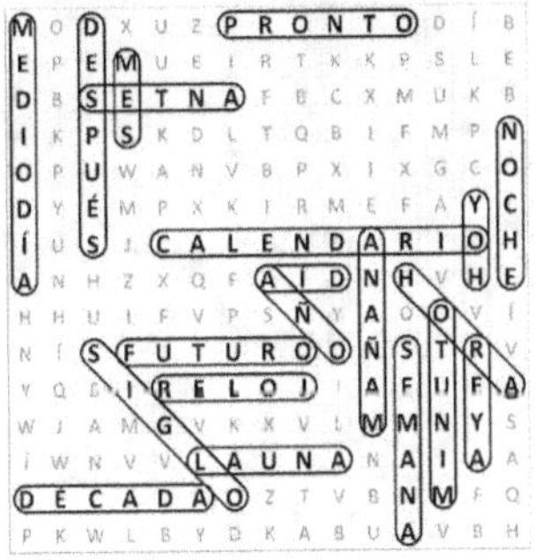

10 - Astronomia

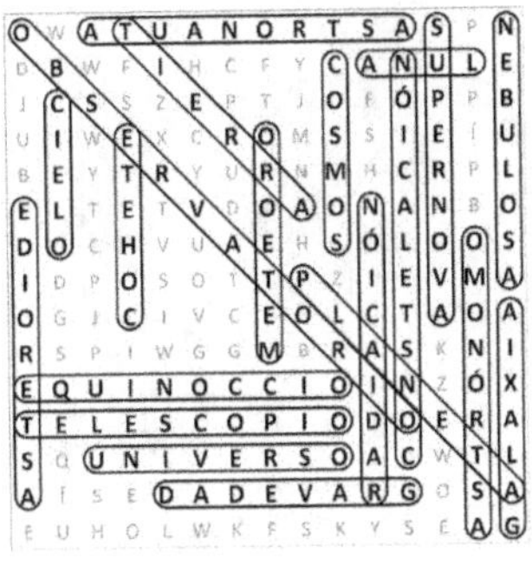

11 - Algebra

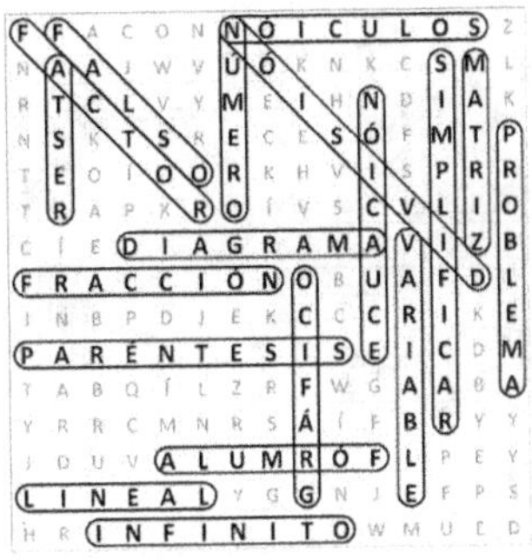

12 - Mitologia

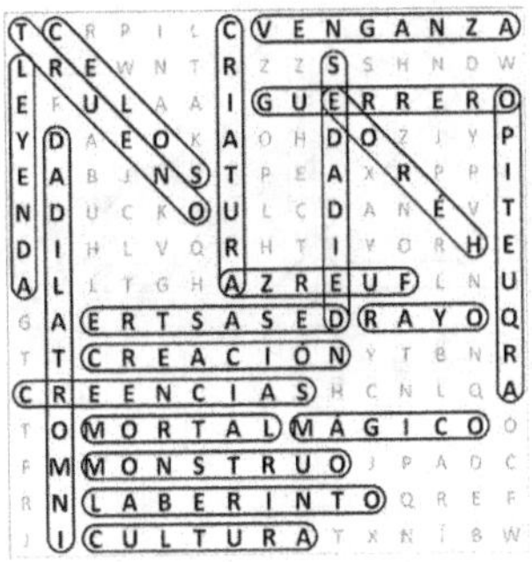

13 - Piante

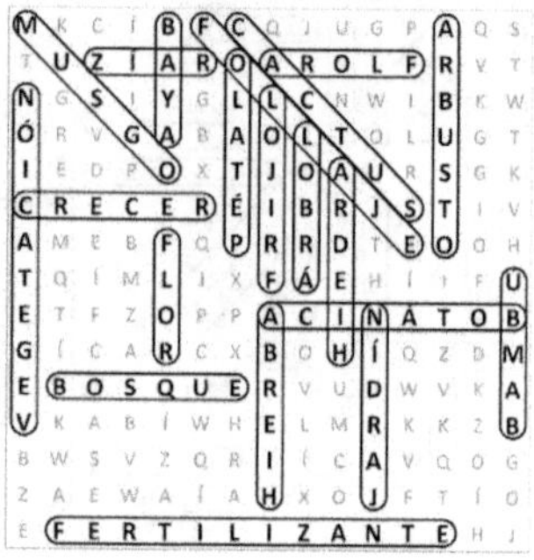

14 - Spezie

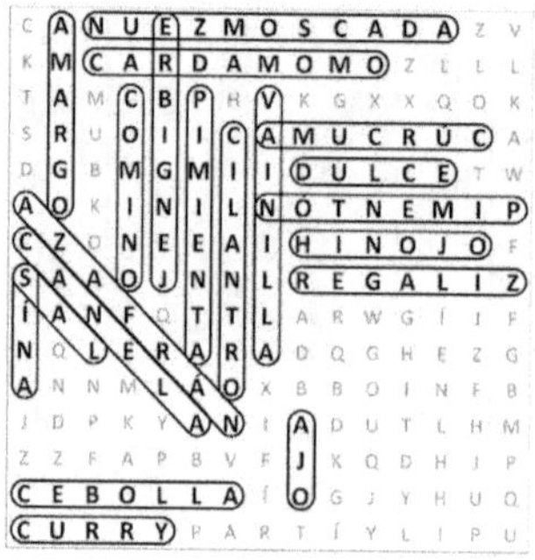

15 - Numeri

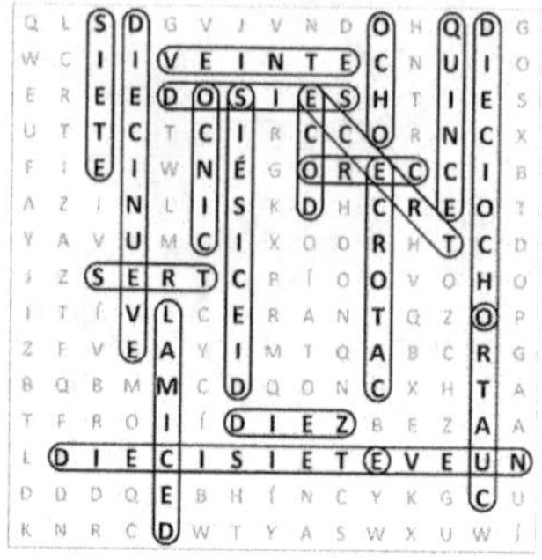

16 - Cioccolato

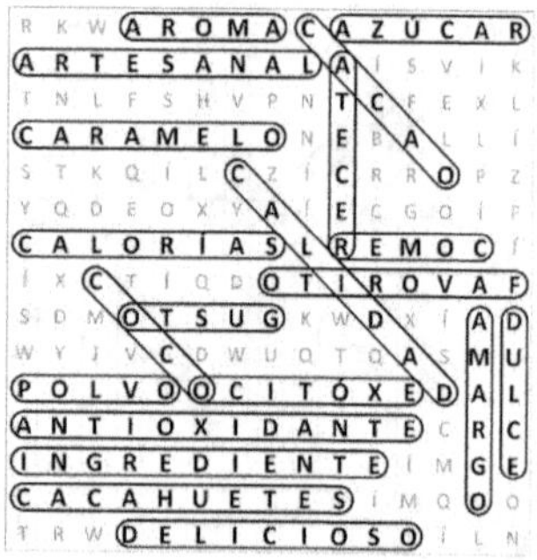

17 - Guida

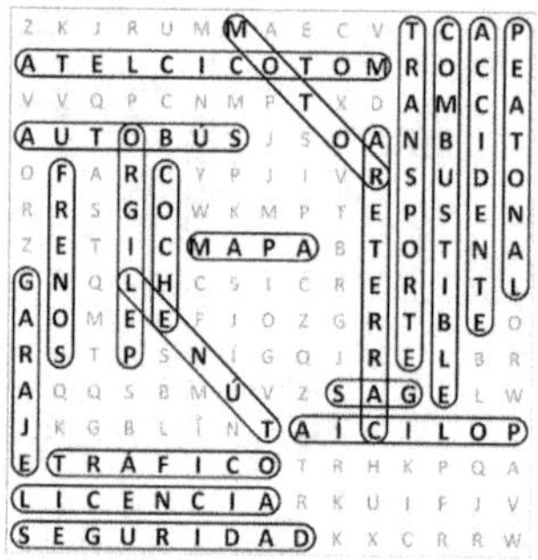

18 - I Media

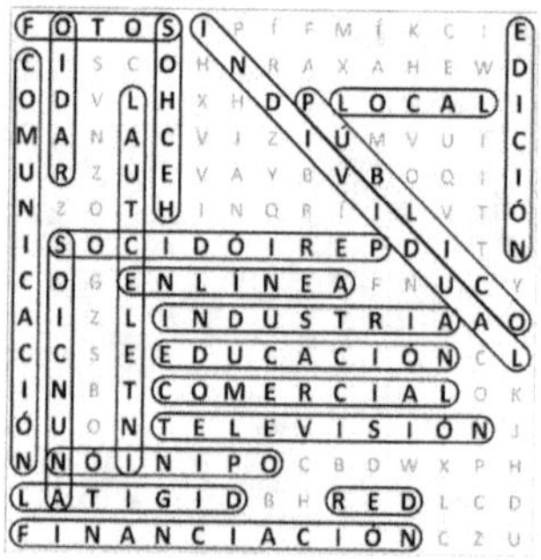

19 - Forza e Gravità

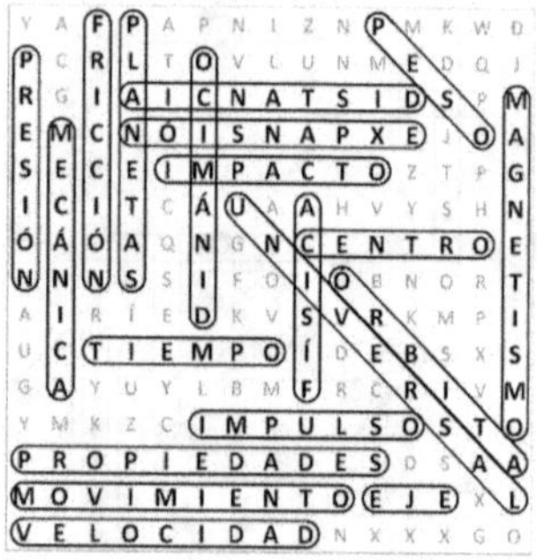

20 - Sport

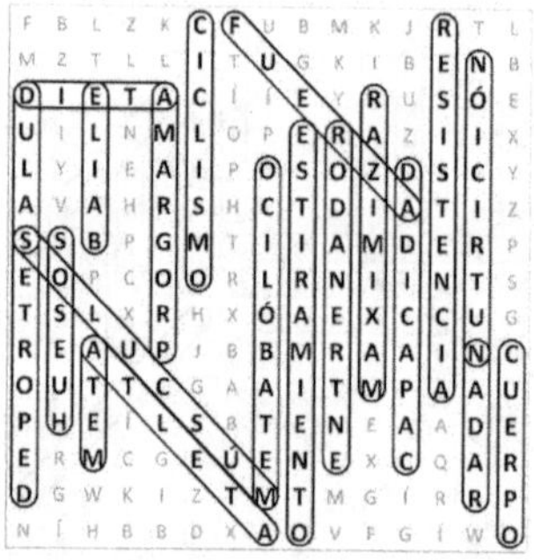

21 - Caffè

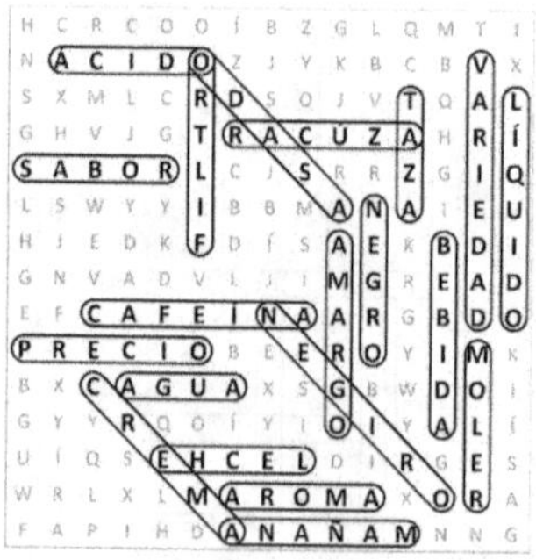

22 - Uccelli

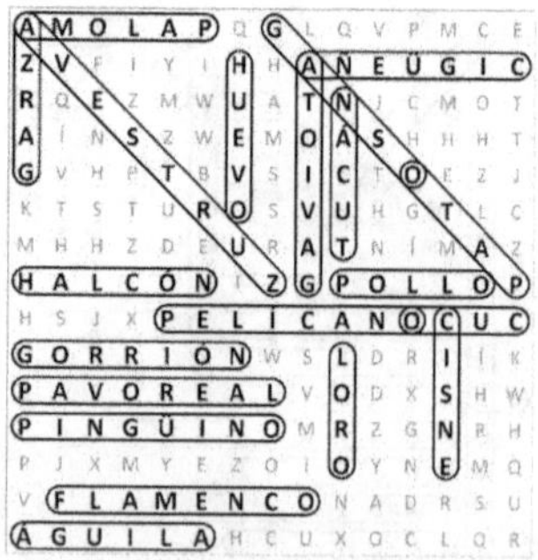

23 - Giorni e Mesi

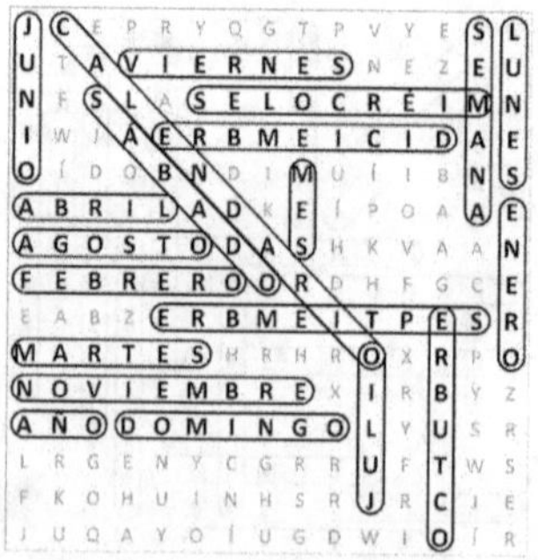

24 - Casa

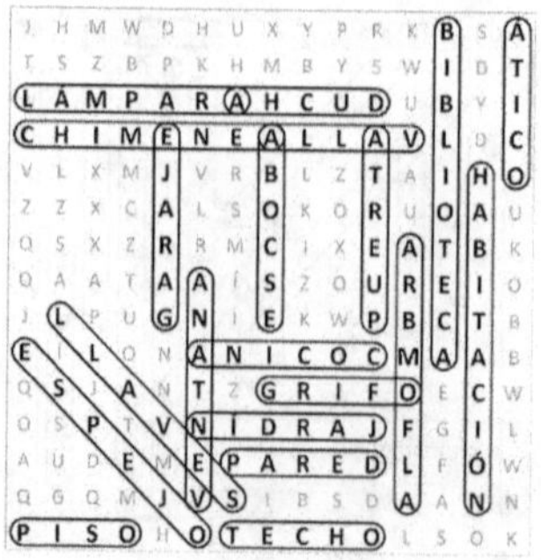

25 - Ristorante #1

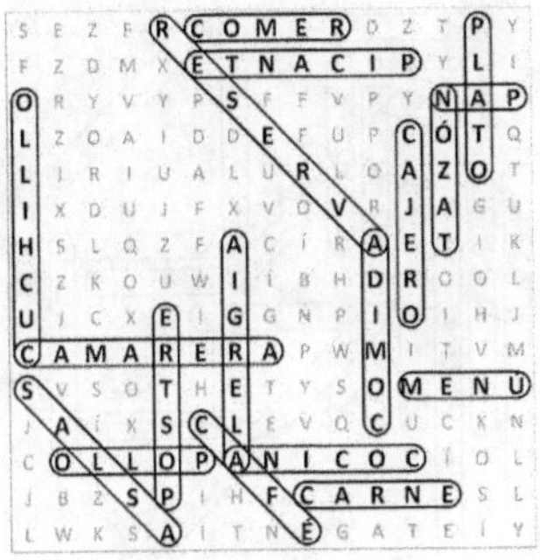

26 - Fantascienza

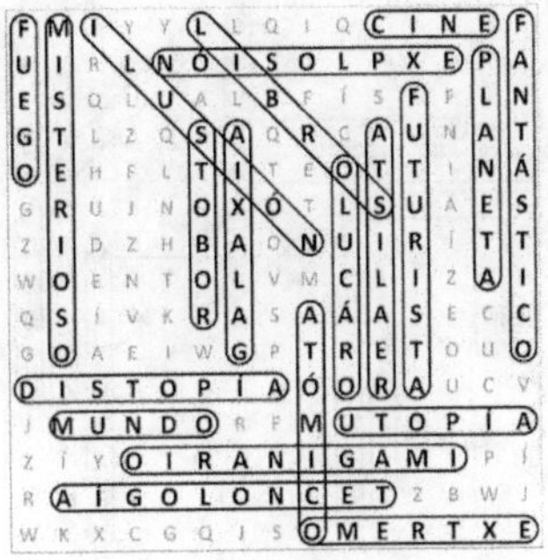

27 - Città

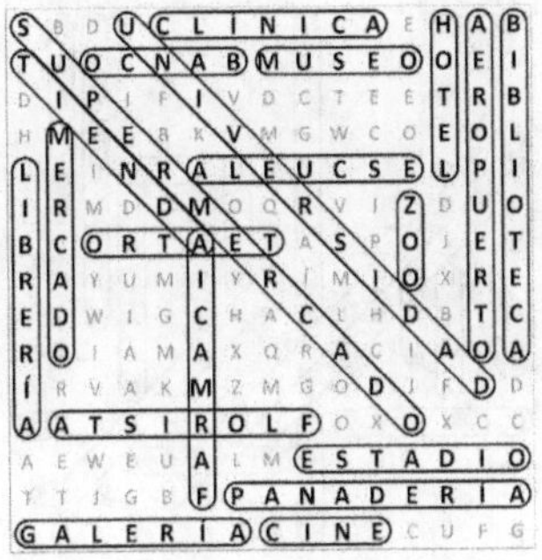

28 - Fattoria #1

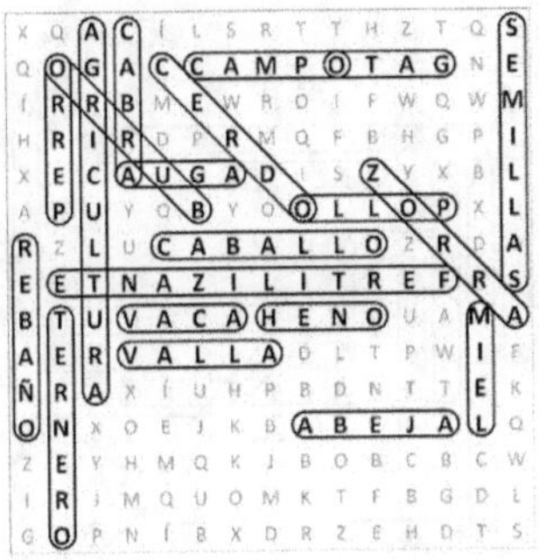

29 - Psicologia

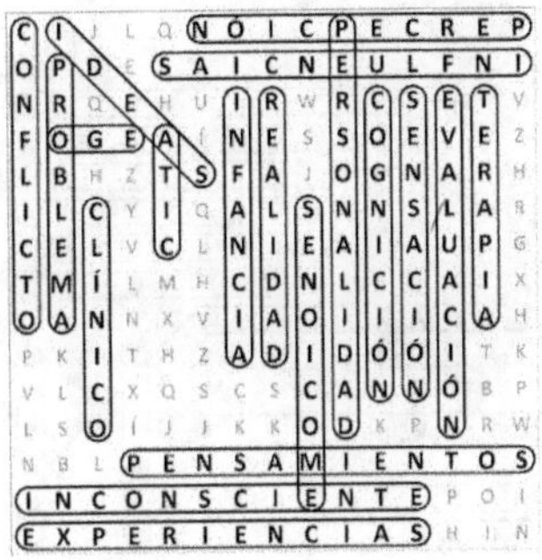

30 - Paesaggi

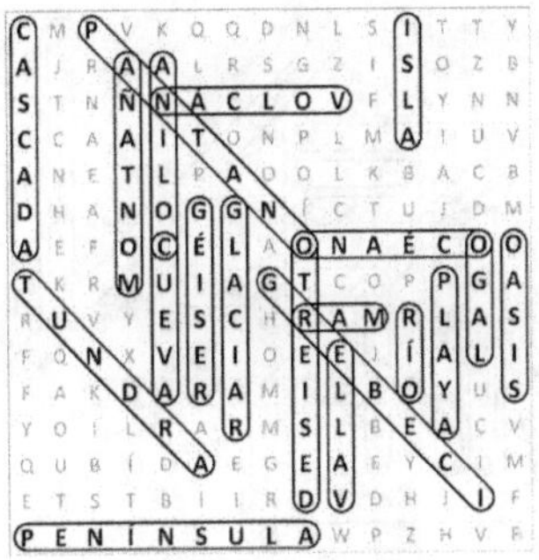

31 - Energia

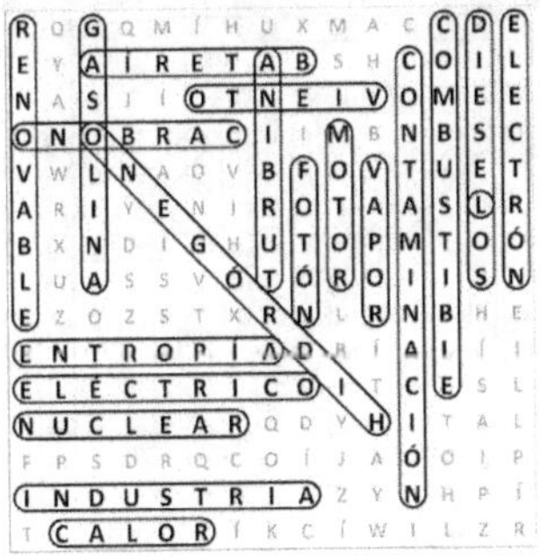

32 - Ristorante #2

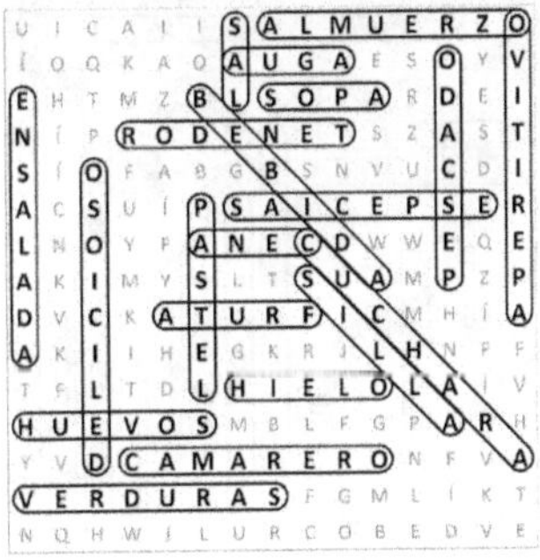

33 - Moda

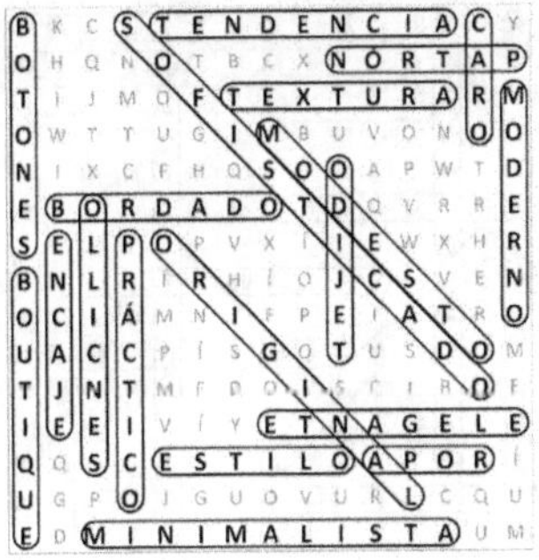

34 - L'Azienda

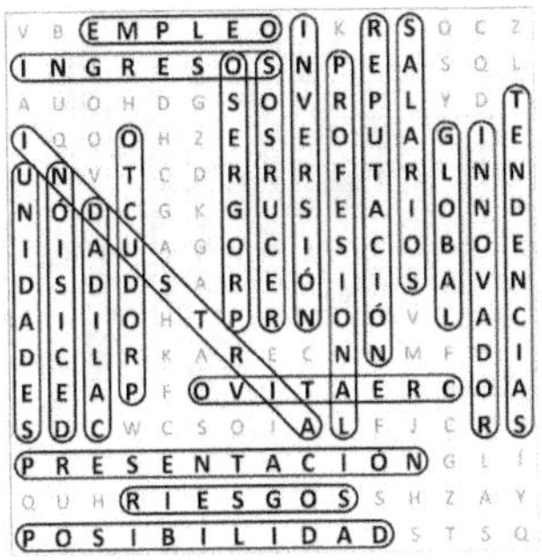

35 - Giardino

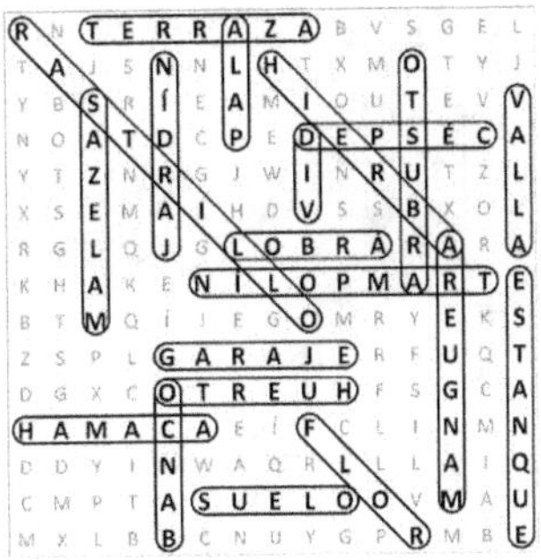

36 - Riscaldamento Gl

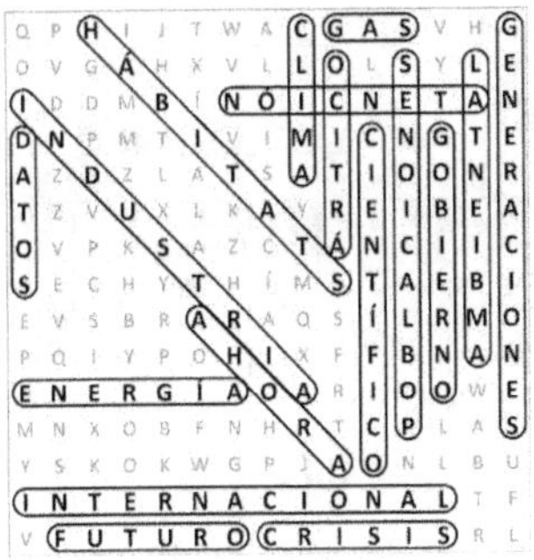

37 - Frutta

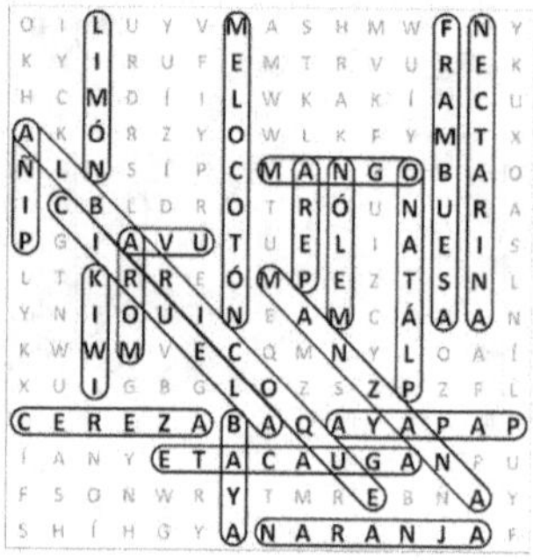

38 - Fattoria #2

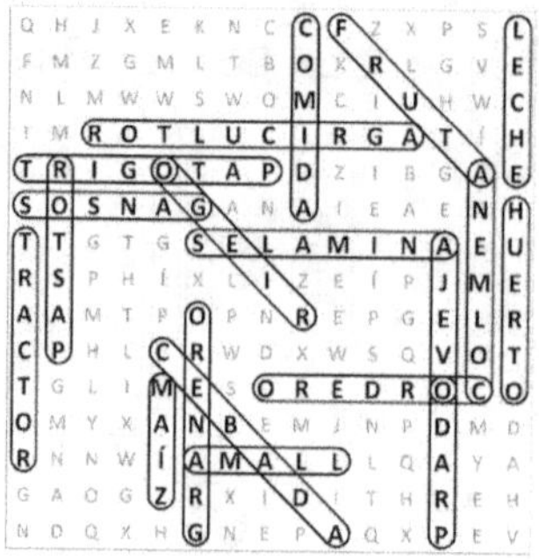

39 - Musica

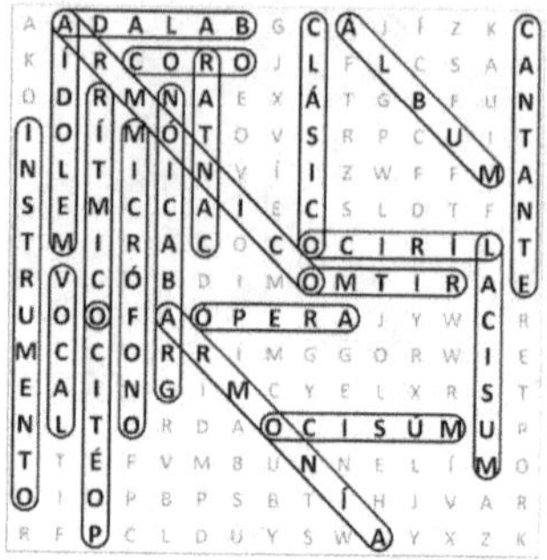

40 - Barbecue

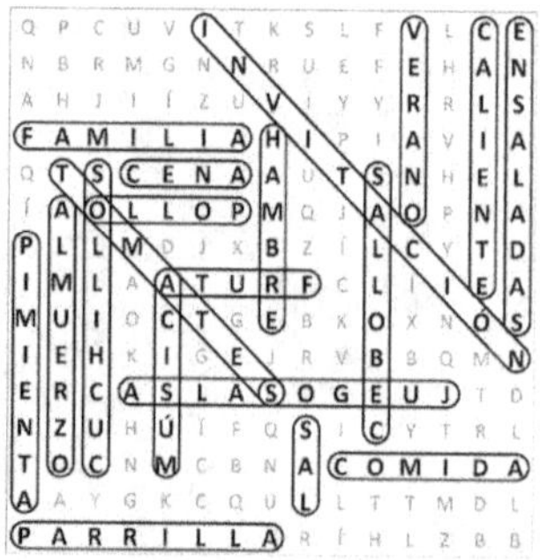

41 - Insetti

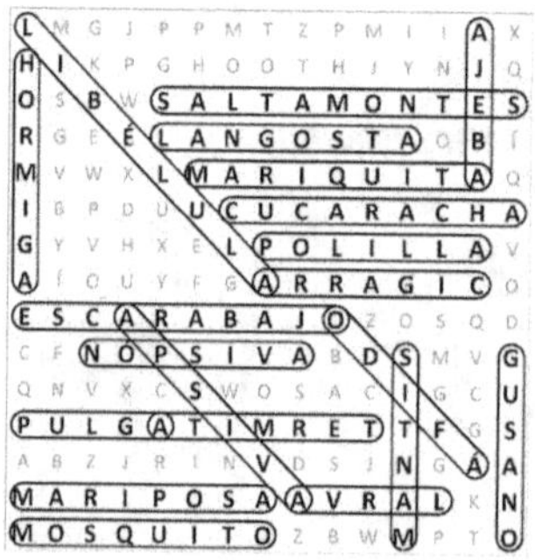

42 - Fisica

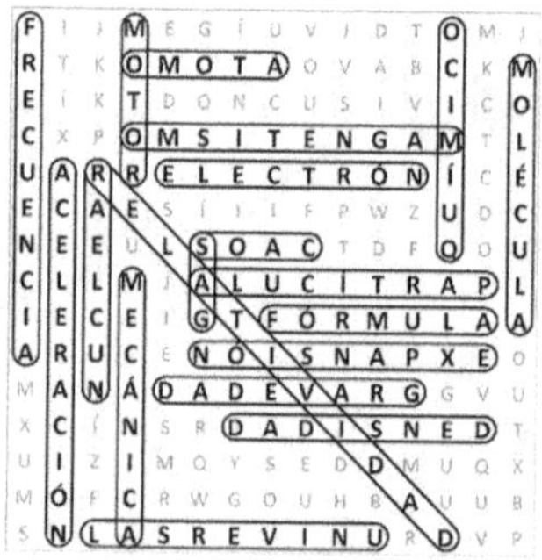

43 - Agronomia

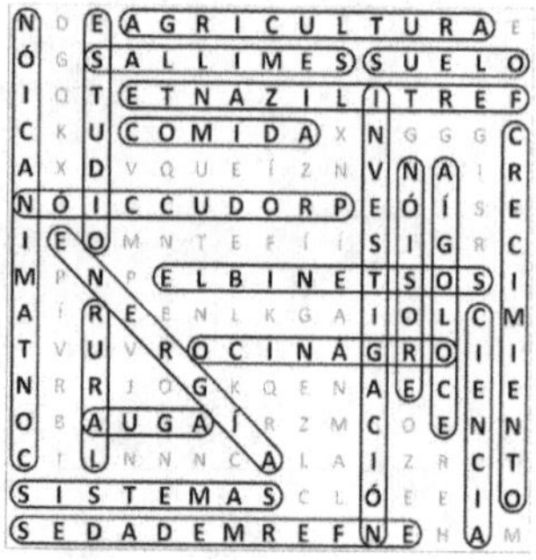

44 - Erboristeria

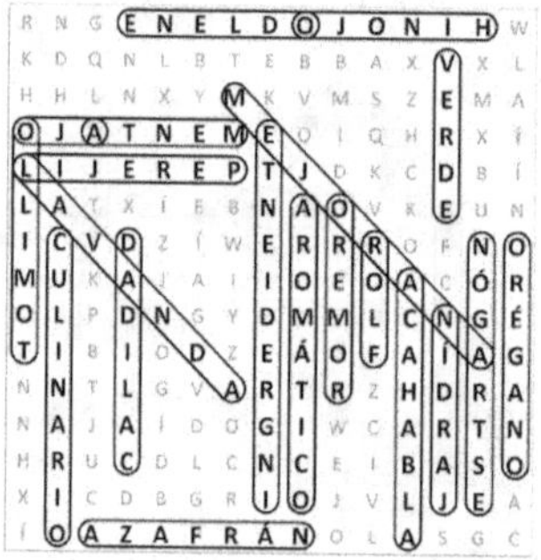

45 - Danza

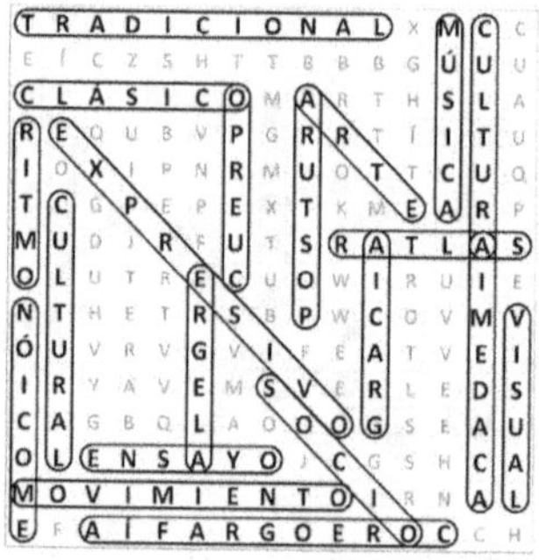

46 - Biologia

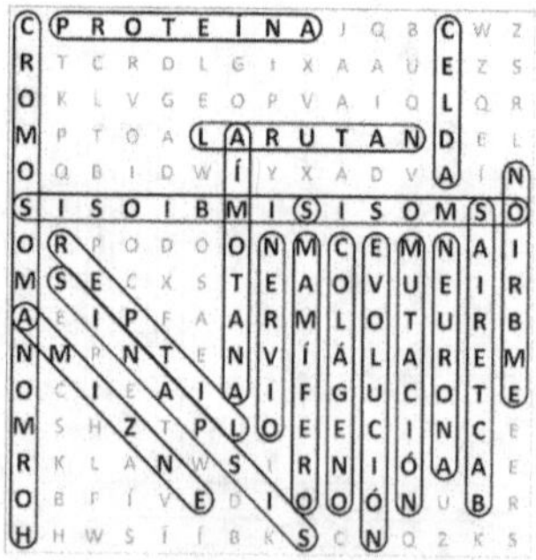

47 - Attività Commerciale

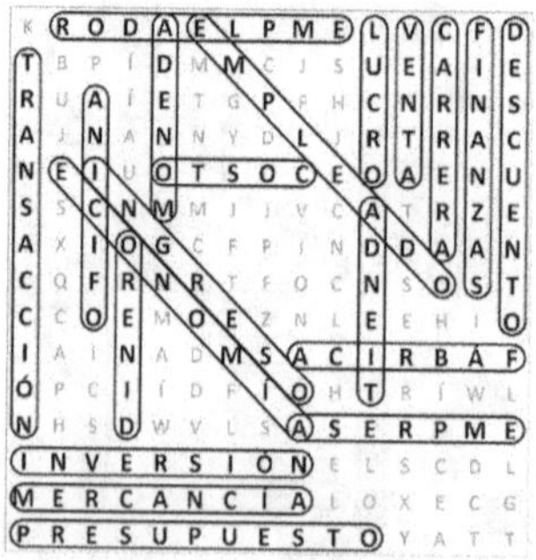

48 - Fiori

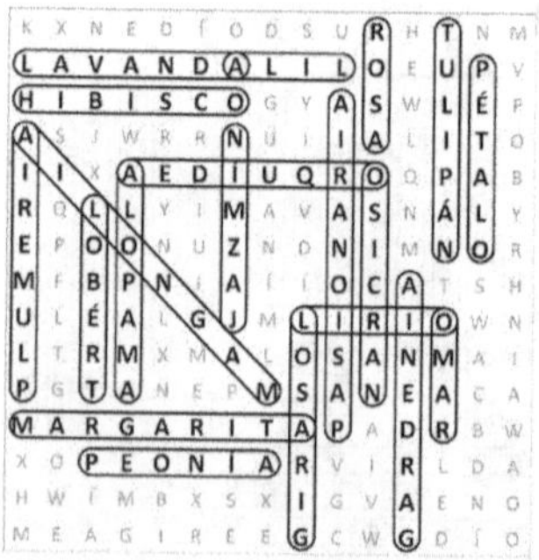

49 - Filantropia

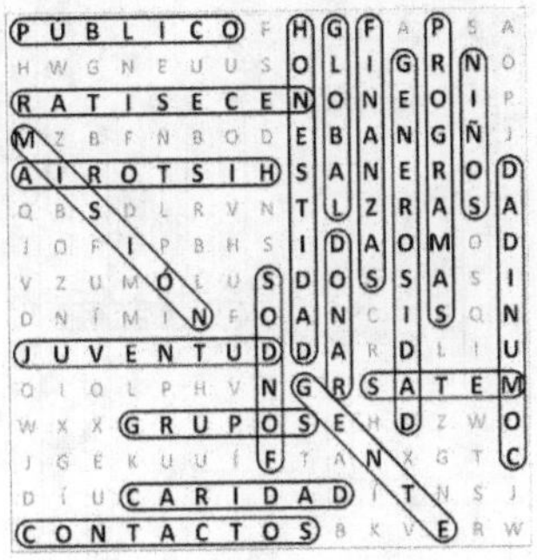

50 - Ecologia

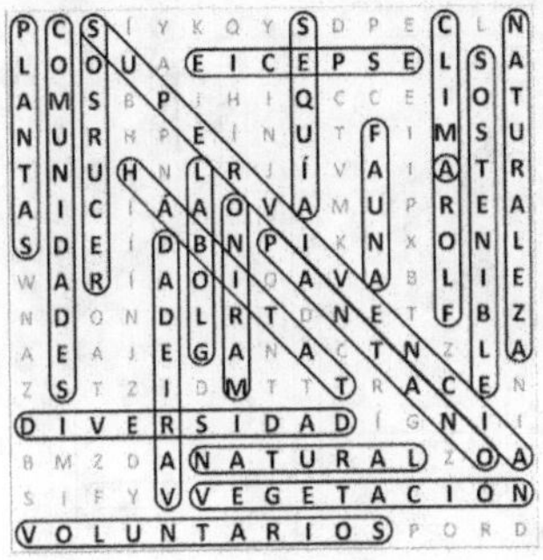

51 - Discipline Scientifiche

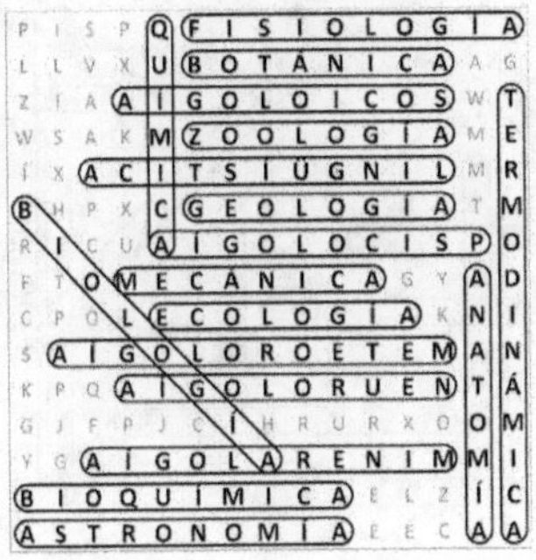

52 - Scienza

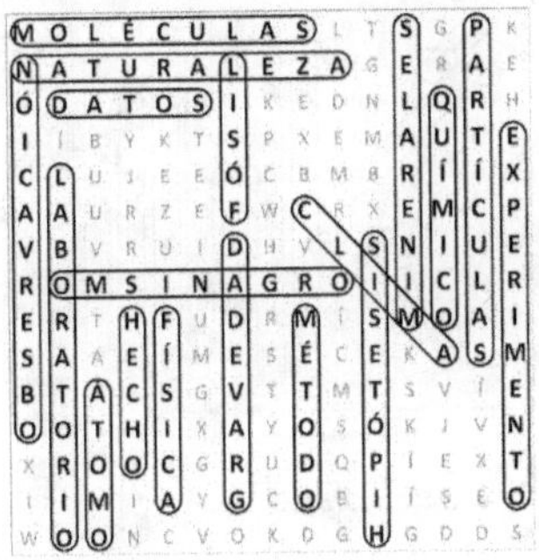

53 - Imbarcazioni

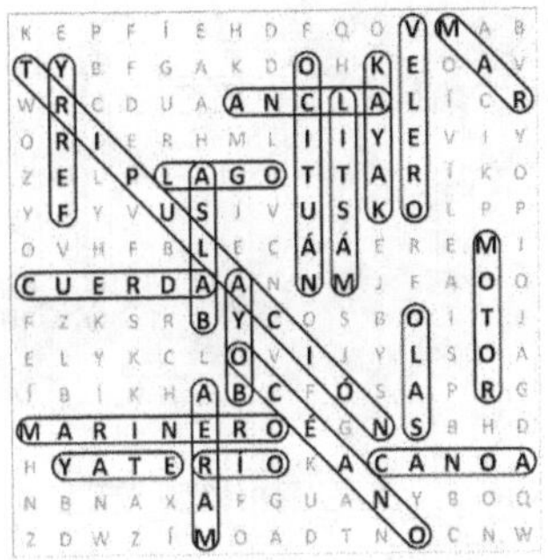

54 - Chimica

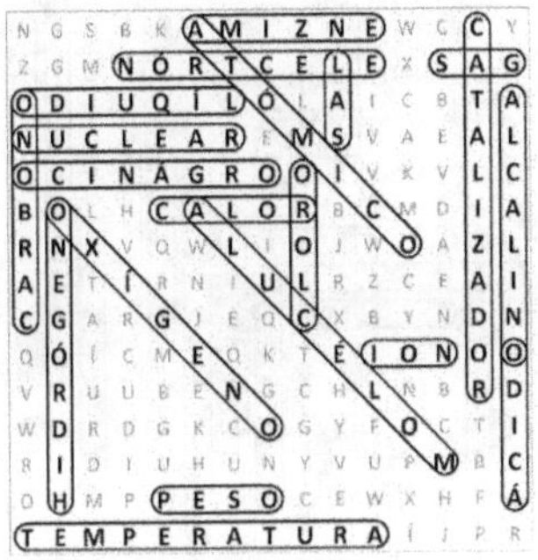

55 - Api

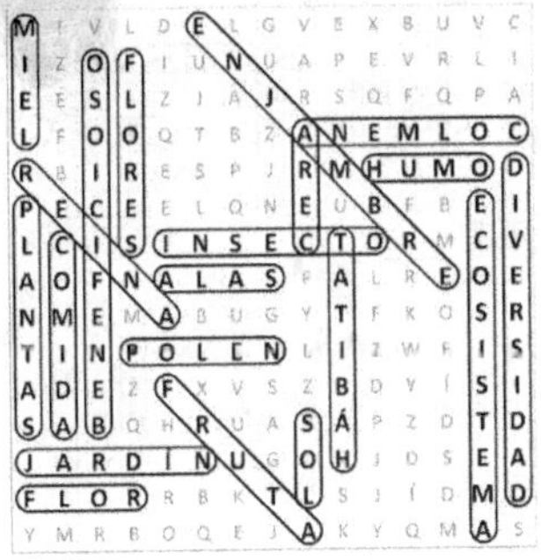

56 - Strumenti Musicali

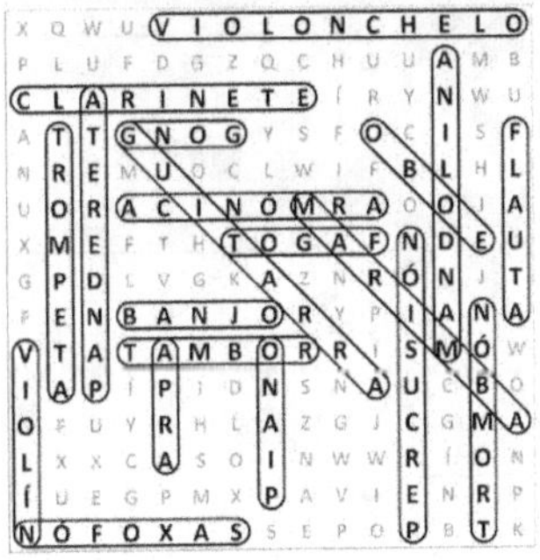

57 - Professioni #2

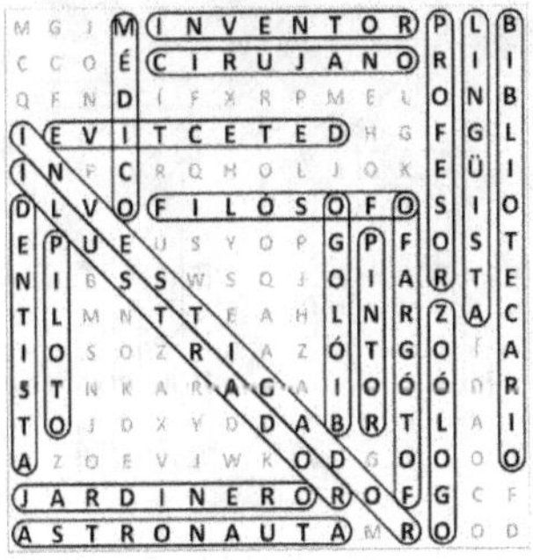

58 - Letteratura

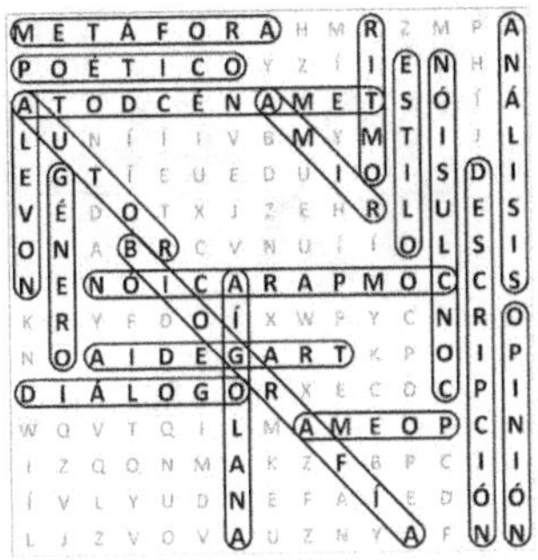

59 - Cibo #2

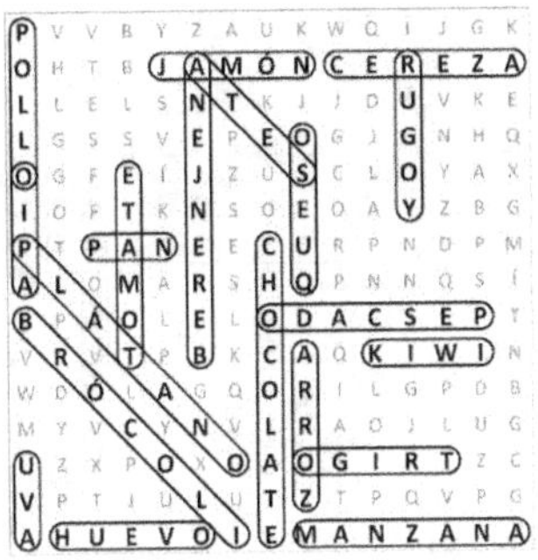

60 - Nutrizione

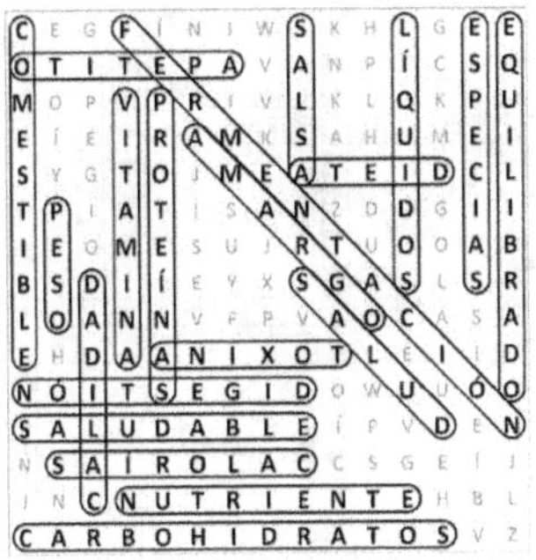

61 - Matematica

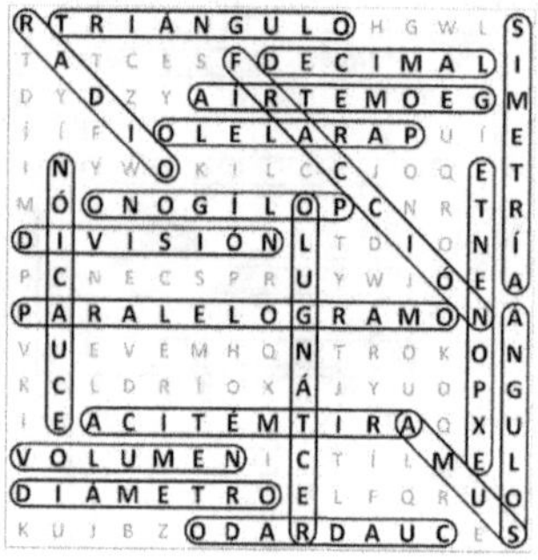

62 - Meditazione

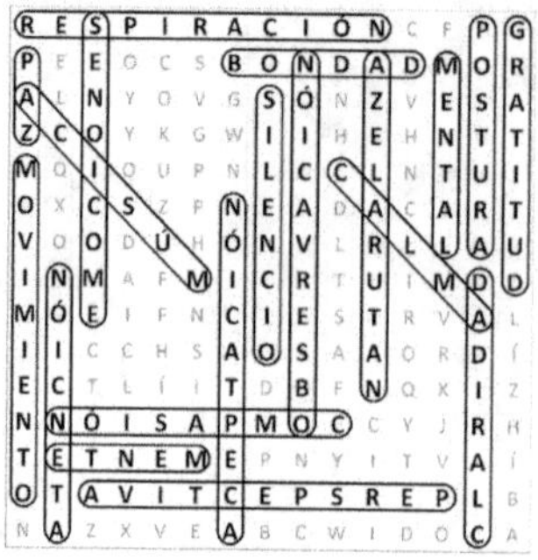

63 - Antiquariato

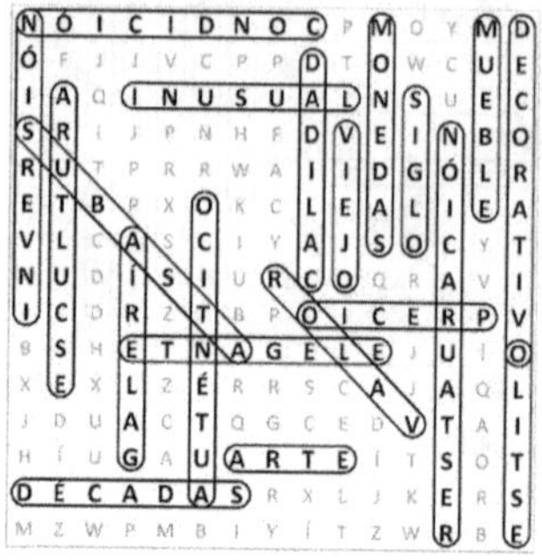

64 - Escursionismo

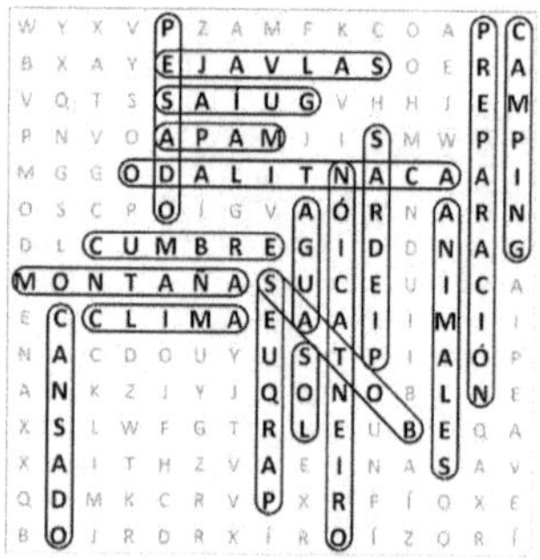

65 - Professioni #1

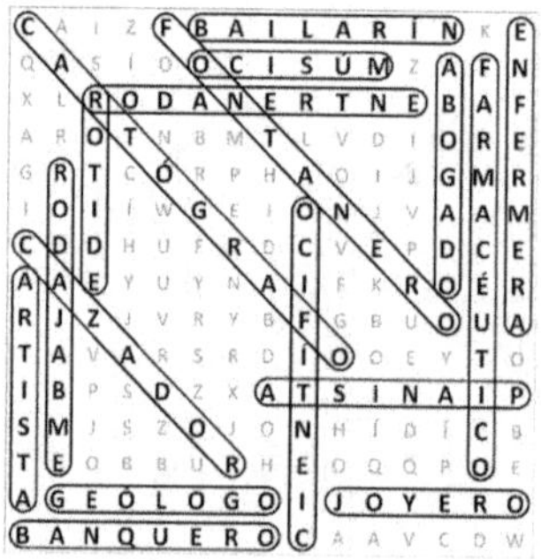

66 - Antartide

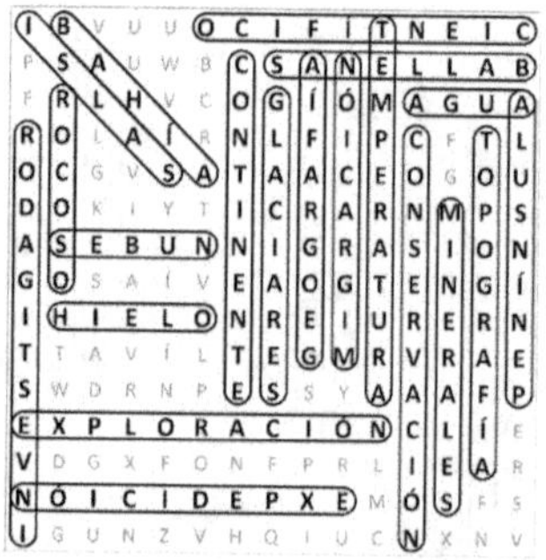

67 - Libri

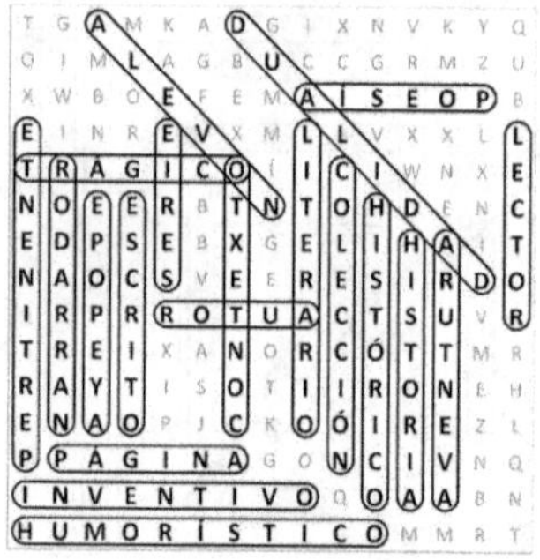

68 - Geografia

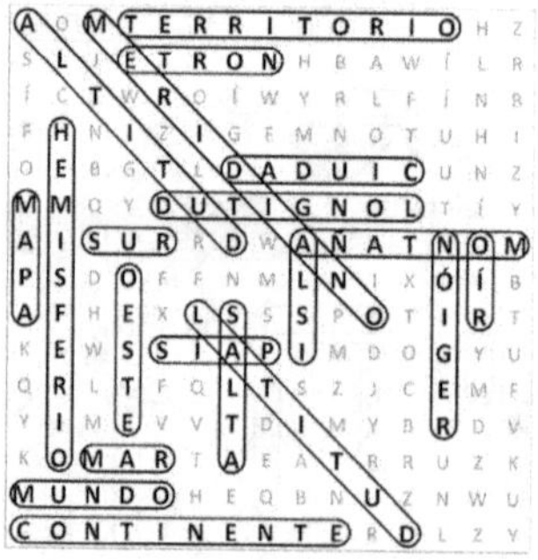

69 - Cibo #1

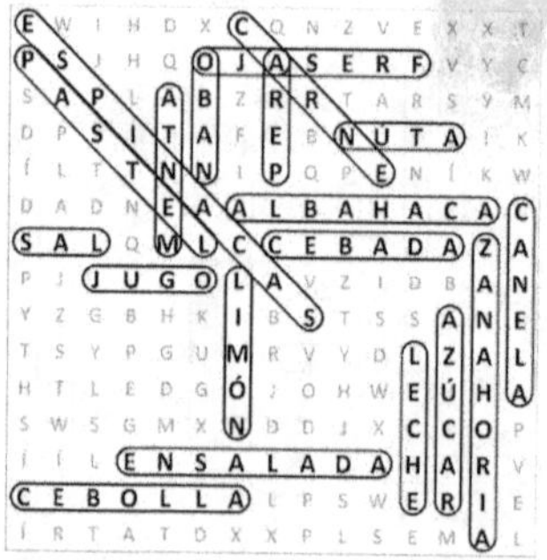

70 - Etica

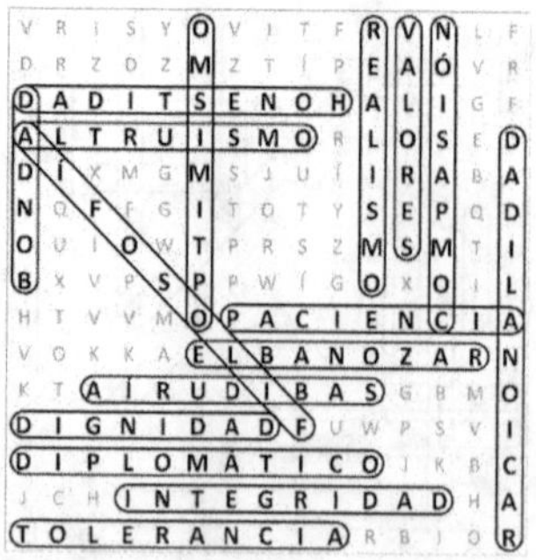

71 - Aeroplani

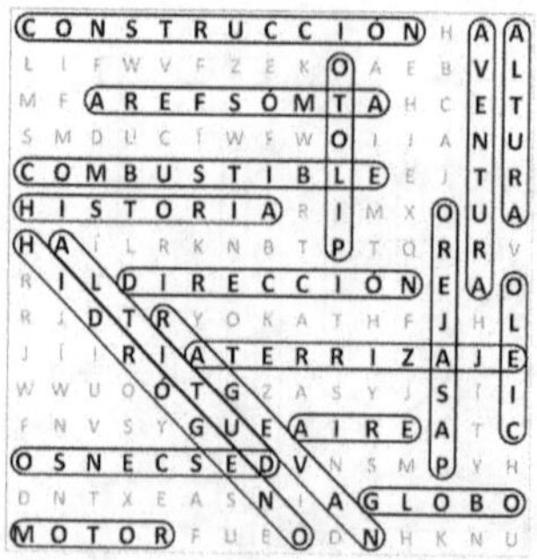

72 - Governo

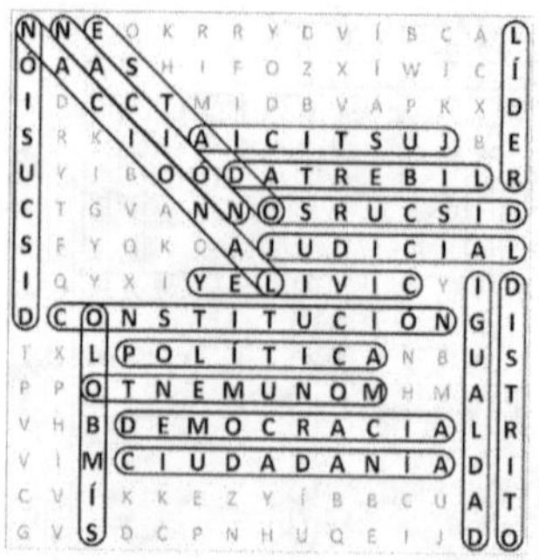

73 - Bellezza

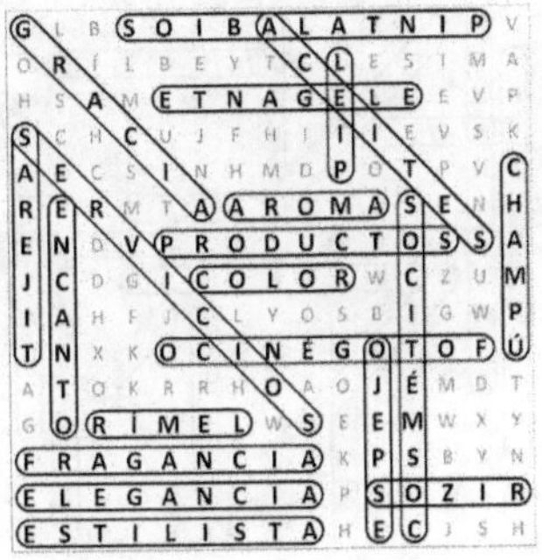

74 - Avventura

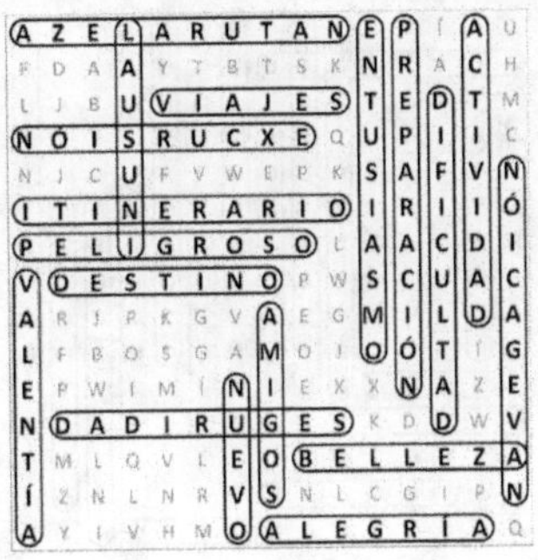

75 - Forme

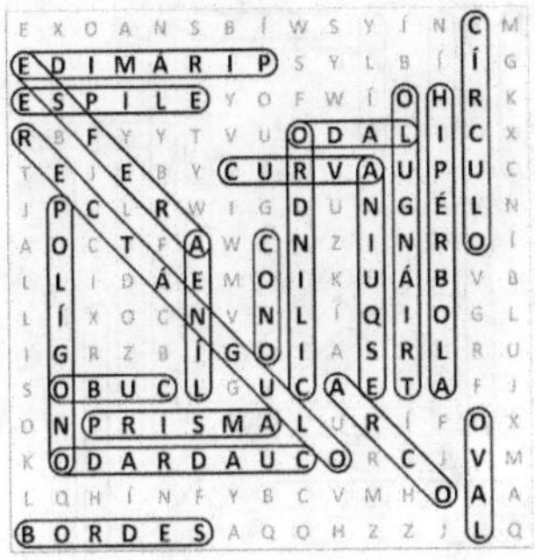

76 - Oceano

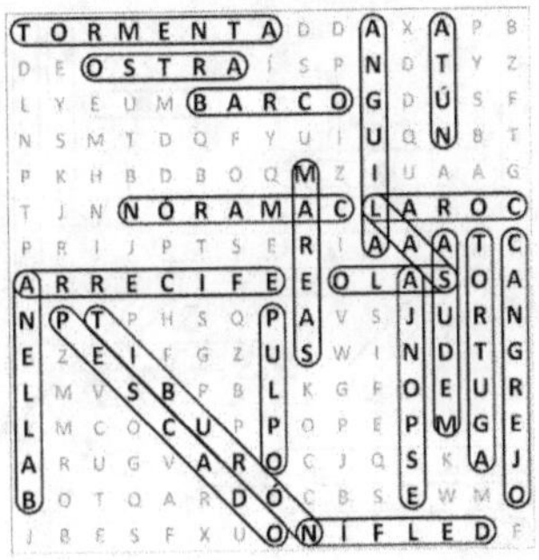

77 - Famiglia

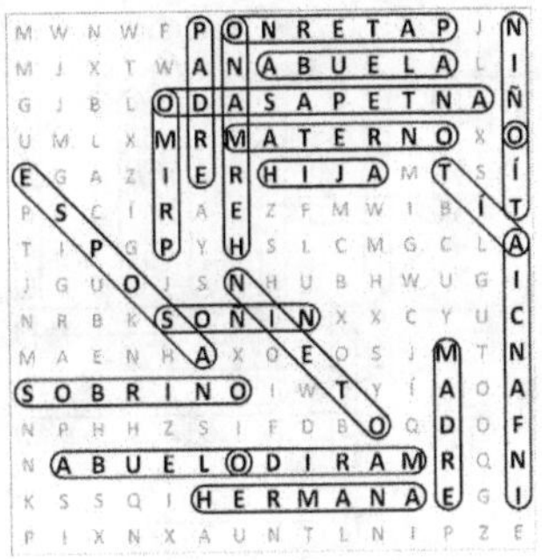

78 - Creatività

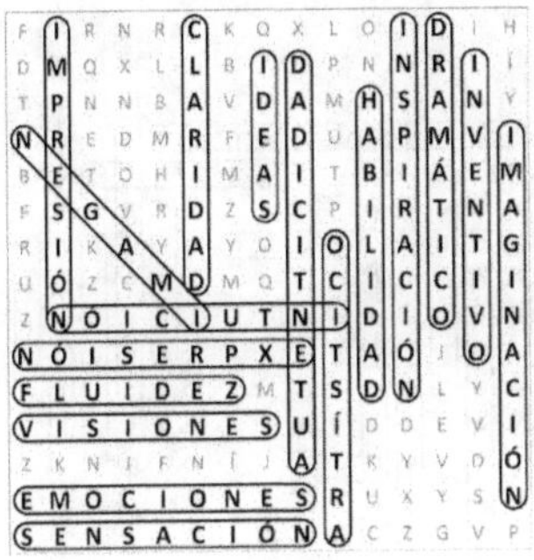

79 - Emozioni

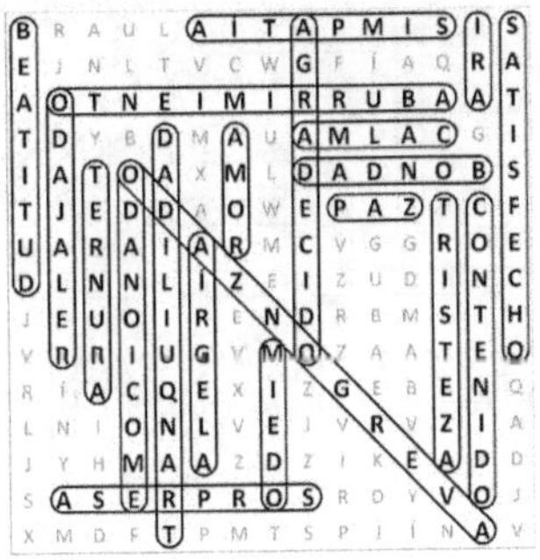

80 - Natura

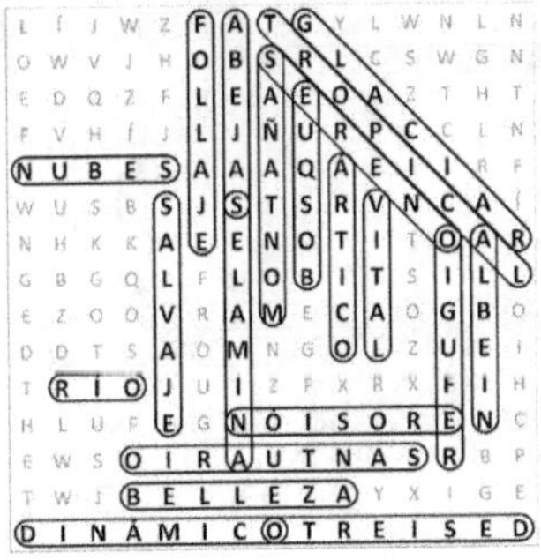

81 - Balletto

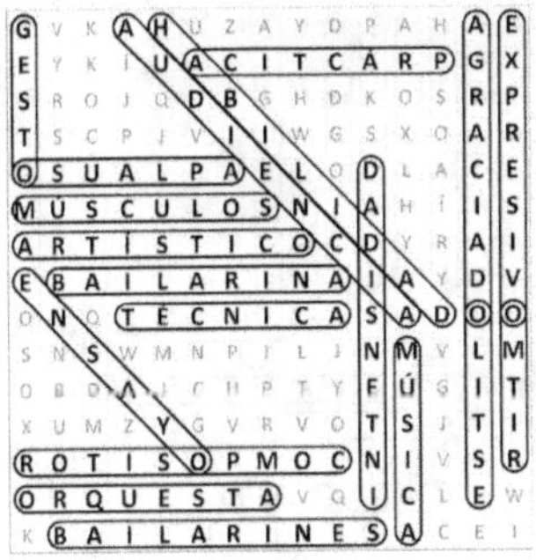

82 - Paesi #1

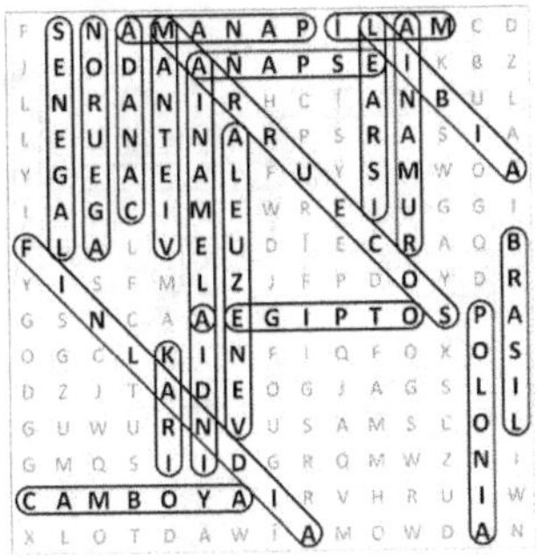

83 - Geometria

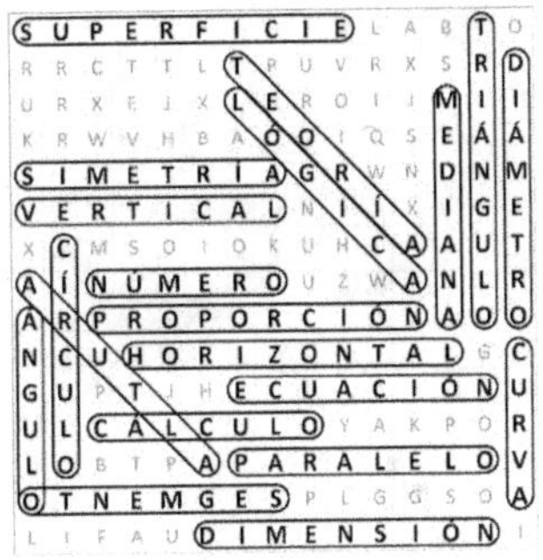

84 - Foresta Pluviale

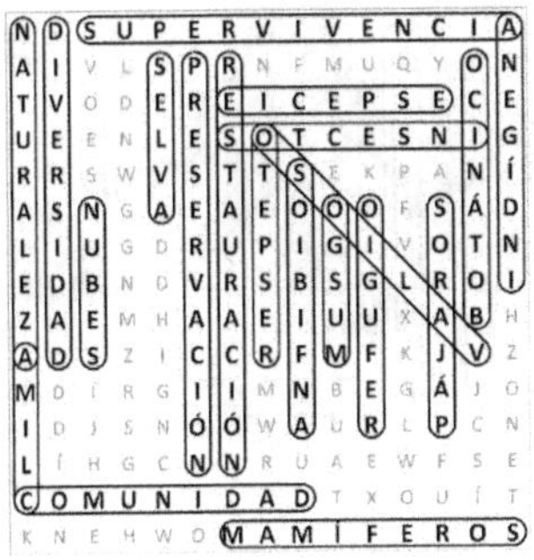

85 - Edifici

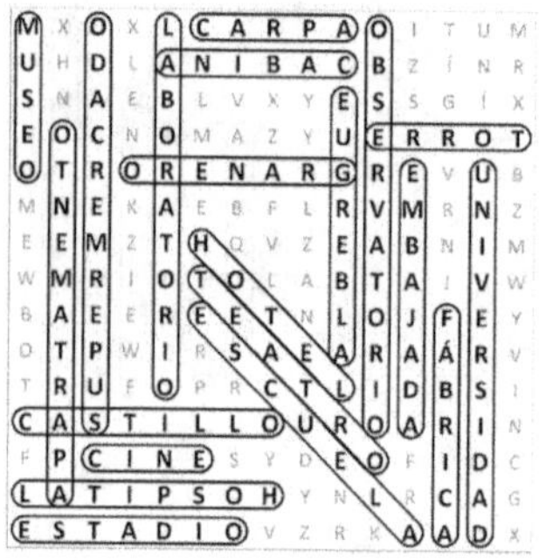

86 - Malattia

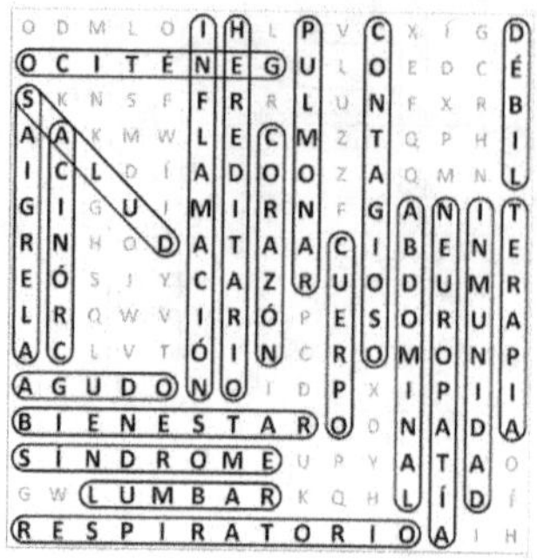

87 - Paesi #2

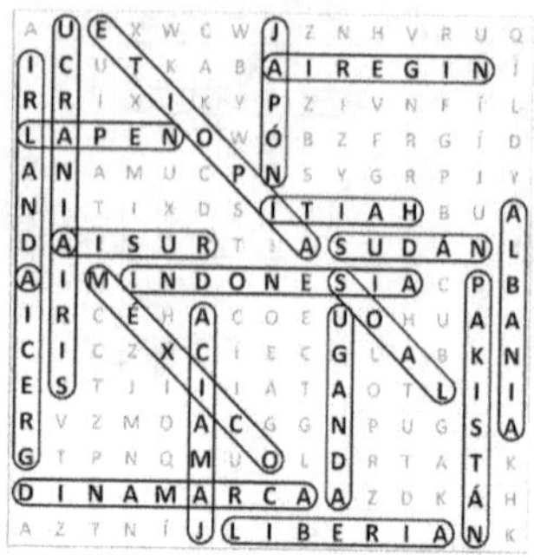

88 - Tipi di Capelli

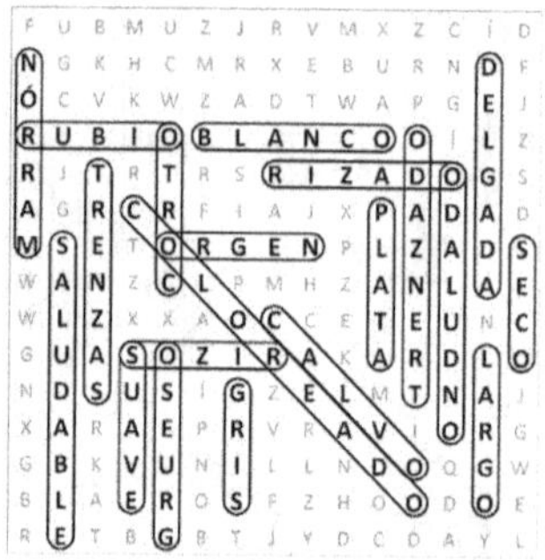

89 - Vestiti

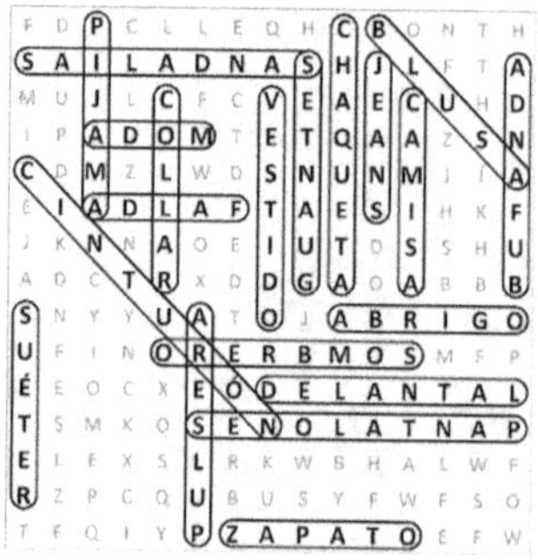

90 - Attività e Tempo Libero

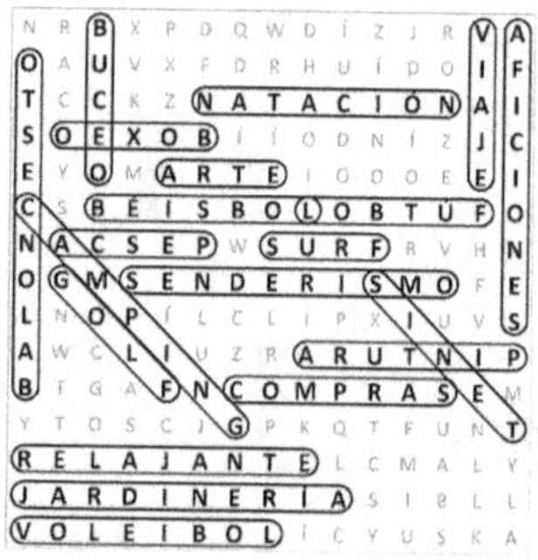

91 - Arte

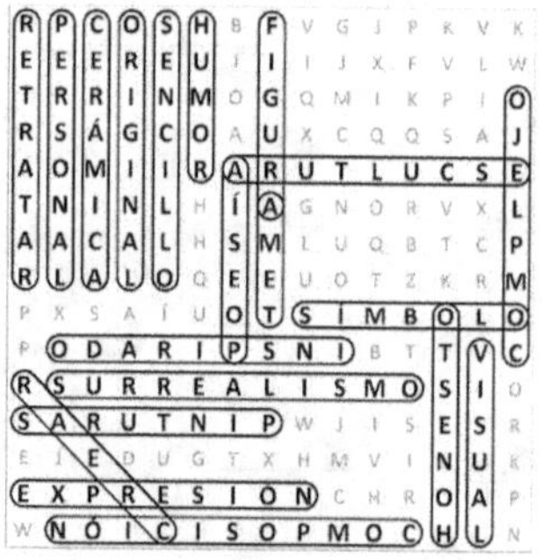

92 - Corpo Umano

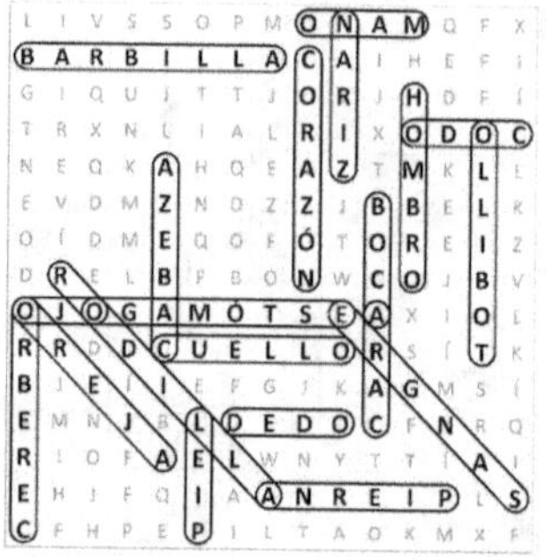

93 - Mammiferi

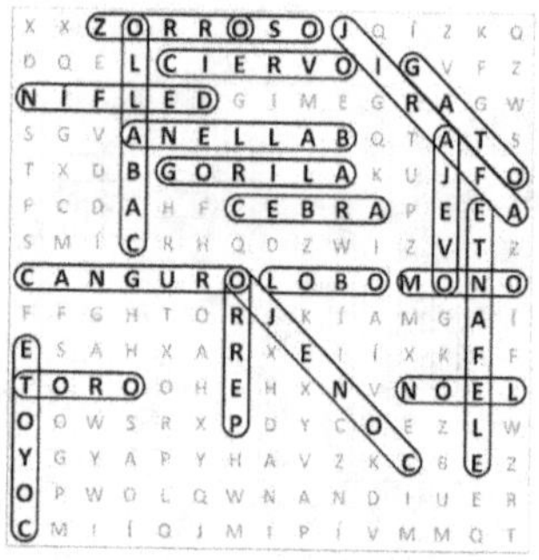

94 - Cucina

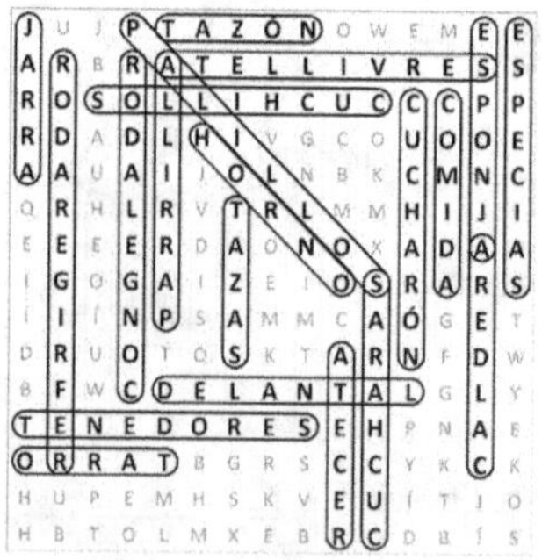

95 - Giardinaggio

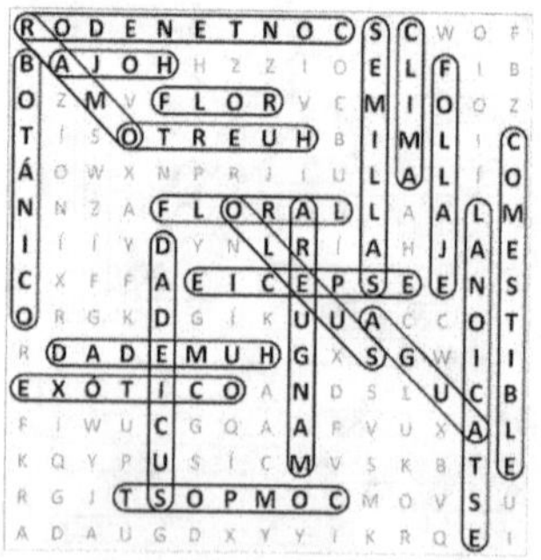

96 - Jazz

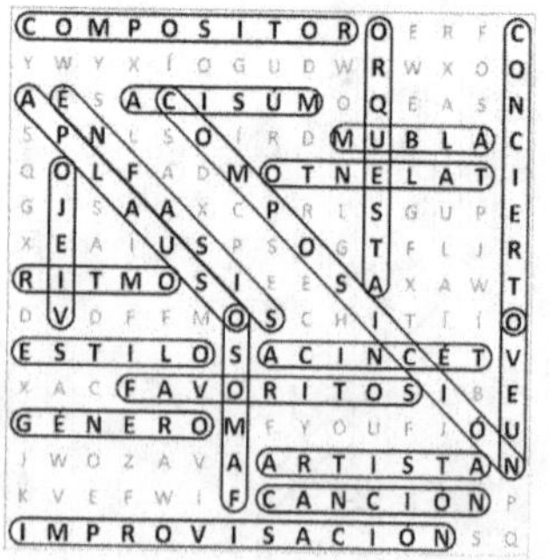

97 - Attività

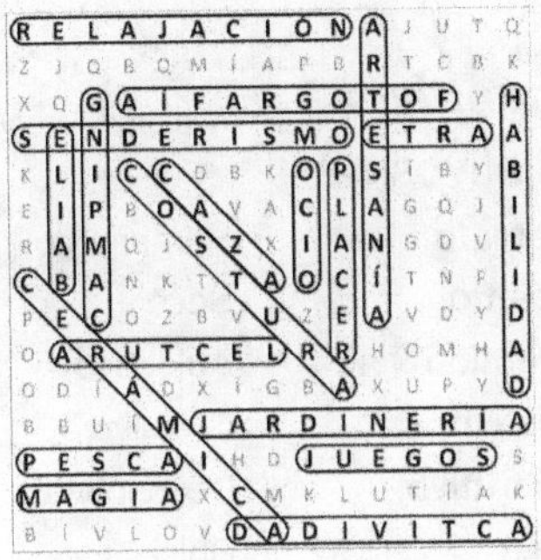

98 - Diplomazia

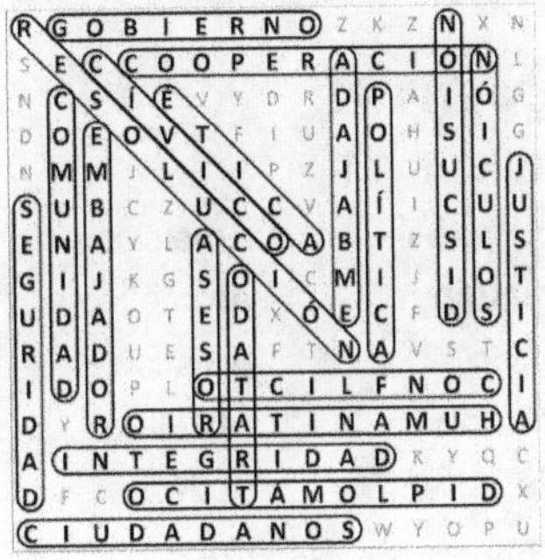

99 - Forniture Artistiche

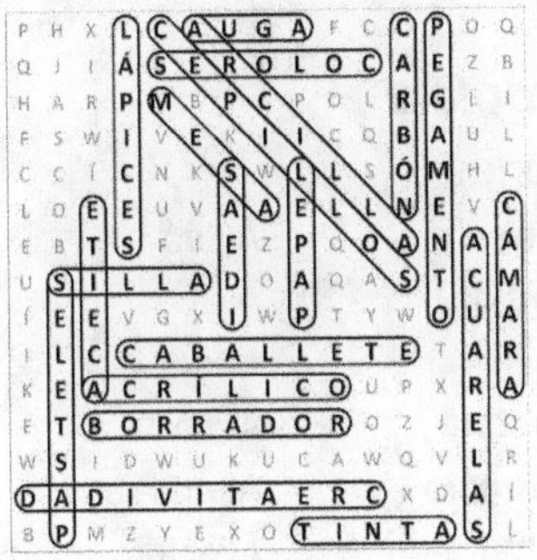

100 - Misurazioni

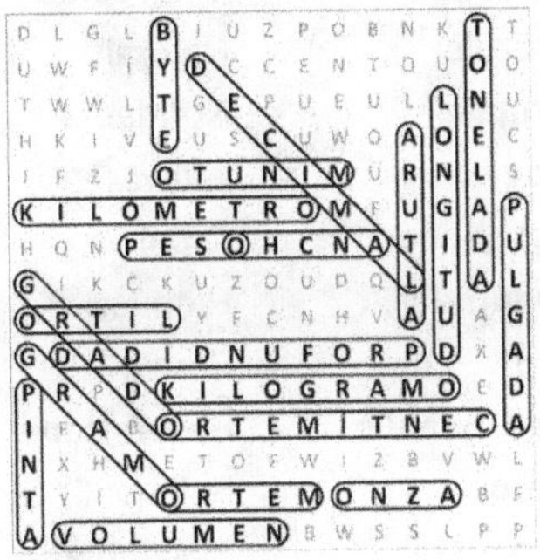

Dizionario

Aeroplani
Aviones

Altezza	Altura
Altitudine	Altitud
Aria	Aire
Atmosfera	Atmósfera
Atterraggio	Aterrizaje
Avventura	Aventura
Carburante	Combustible
Cielo	Cielo
Costruzione	Construcción
Direzione	Dirección
Discesa	Descenso
Equipaggio	Tripulación
Idrogeno	Hidrógeno
Motore	Motor
Navigare	Navegar
Palloncino	Globo
Passeggero	Pasajero
Pilota	Piloto
Storia	Historia
Turbolenza	Turbulencia

Aggettivi #1
Adjetivos #1

Ambizioso	Ambicioso
Aromatico	Aromático
Artistico	Artístico
Assoluto	Absoluto
Attivo	Activo
Enorme	Enorme
Esotico	Exótico
Generoso	Generoso
Giovane	Joven
Grande	Grande
Identico	Idéntico
Importante	Importante
Lento	Lento
Lungo	Largo
Moderno	Moderno
Onesto	Honesto
Perfetto	Perfecto
Pesante	Pesado
Prezioso	Valioso
Sottile	Delgada

Aggettivi #2
Adjetivos #2

Affamato	Hambriento
Asciutto	Seco
Autentico	Auténtico
Creativo	Creativo
Descrittivo	Descriptivo
Dolce	Dulce
Drammatico	Dramático
Elegante	Elegante
Famoso	Famoso
Forte	Fuerte
Interessante	Interesante
Naturale	Natural
Normale	Normal
Nuovo	Nuevo
Orgoglioso	Orgulloso
Produttivo	Productivo
Puro	Puro
Responsabile	Responsable
Salato	Salado
Sano	Saludable

Agronomia
Agronomía

Acqua	Agua
Agricoltura	Agricultura
Cibo	Comida
Crescita	Crecimiento
Ecologia	Ecología
Energia	Energía
Erosione	Erosión
Fertilizzante	Fertilizante
Inquinamento	Contaminación
Malattie	Enfermedades
Organico	Orgánico
Produzione	Producción
Ricerca	Investigación
Rurale	Rural
Scienza	Ciencia
Semi	Semillas
Sistemi	Sistemas
Sostenibile	Sostenible
Studio	Estudio
Suolo	Suelo

Algebra
Álgebra

Diagramma	Diagrama
Divisione	División
Equazione	Ecuación
Esponente	Exponente
Falso	Falso
Fattore	Factor
Formula	Fórmula
Frazione	Fracción
Grafico	Gráfico
Infinito	Infinito
Lineare	Lineal
Matrice	Matriz
Numero	Número
Parentesi	Paréntesis
Problema	Problema
Semplificare	Simplificar
Soluzione	Solución
Sottrazione	Resta
Variabile	Variable
Zero	Cero

Antartide
Antártida

Acqua	Agua
Baia	Bahía
Balene	Ballenas
Conservazione	Conservación
Continente	Continente
Esplorazione	Exploración
Geografia	Geografía
Ghiacciai	Glaciares
Ghiaccio	Hielo
Isole	Islas
Migrazione	Migración
Minerali	Minerales
Nuvole	Nubes
Penisola	Península
Ricercatore	Investigador
Roccioso	Rocoso
Scientifico	Científico
Spedizione	Expedición
Temperatura	Temperatura
Topografia	Topografía

Antiquariato
Antigüedades

Arte	Arte
Asta	Subasta
Autentico	Auténtico
Condizione	Condición
Decenni	Décadas
Decorativo	Decorativo
Elegante	Elegante
Galleria	Galería
Insolito	Inusual
Investimento	Inversión
Mobilio	Mueble
Monete	Monedas
Prezzo	Precio
Qualità	Calidad
Restauro	Restauración
Scultura	Escultura
Secolo	Siglo
Stile	Estilo
Valore	Valor
Vecchio	Viejo

Api
Abejas

Ali	Alas
Alveare	Colmena
Benefico	Beneficioso
Cera	Cera
Cibo	Comida
Diversità	Diversidad
Ecosistema	Ecosistema
Fiori	Flores
Fiorire	Flor
Frutta	Fruta
Fumo	Humo
Giardino	Jardín
Habitat	Hábitat
Insetto	Insecto
Miele	Miel
Piante	Plantas
Polline	Polen
Regina	Reina
Sciame	Enjambre
Sole	Sol

Archeologia
Arqueología

Analisi	Análisis
Antichità	Antigüedad
Antico	Antiguo
Civiltà	Civilización
Dimenticato	Olvidado
Discendente	Descendiente
Era	Era
Esperto	Experto
Fossile	Fósil
Mistero	Misterio
Oggetti	Objetos
Ossa	Huesos
Professore	Profesor
Reliquia	Reliquia
Ricercatore	Investigador
Sconosciuto	Desconocido
Squadra	Equipo
Tempio	Templo
Tomba	Tumba
Valutazione	Evaluación

Arte
Arte

Ceramica	Cerámica
Complesso	Complejo
Composizione	Composición
Creare	Crear
Dipinti	Pinturas
Espressione	Expresión
Figura	Figura
Ispirato	Inspirado
Onesto	Honesto
Originale	Original
Personale	Personal
Poesia	Poesía
Ritrarre	Retratar
Scultura	Escultura
Semplice	Sencillo
Simbolo	Símbolo
Soggetto	Tema
Surrealismo	Surrealismo
Umore	Humor
Visivo	Visual

Astronomia
Astronomía

Asteroide	Asteroide
Astronauta	Astronauta
Astronomo	Astrónomo
Cielo	Cielo
Cosmo	Cosmos
Costellazione	Constelación
Equinozio	Equinoccio
Galassia	Galaxia
Gravità	Gravedad
Luna	Luna
Meteora	Meteoro
Nebulosa	Nebulosa
Osservatorio	Observatorio
Pianeta	Planeta
Radiazione	Radiación
Razzo	Cohete
Supernova	Supernova
Telescopio	Telescopio
Terra	Tierra
Universo	Universo

Attività
Actividades

Abilità	Habilidad
Arte	Arte
Artigianato	Artesanía
Attività	Actividad
Caccia	Caza
Campeggio	Camping
Ceramica	Cerámica
Cucire	Costura
Danza	Baile
Escursioni	Senderismo
Fotografia	Fotografía
Giardinaggio	Jardinería
Giochi	Juegos
Lettura	Lectura
Magia	Magia
Pesca	Pesca
Piacere	Placer
Puzzle	Rompecabezas
Rilassamento	Relajación
Tempo Libero	Ocio

Attività Commerciale
Negocio

Bilancio	Presupuesto
Carriera	Carrera
Costo	Costo
Datore di Lavoro	Empleador
Dipendente	Empleado
Economia	Economía
Fabbrica	Fábrica
Finanza	Finanzas
Investimento	Inversión
Merce	Mercancía
Negozio	Tienda
Profitto	Lucro
Reddito	Ingreso
Sconto	Descuento
Società	Empresa
Soldi	Dinero
Transazione	Transacción
Ufficio	Oficina
Valuta	Moneda
Vendita	Venta

Attività e Tempo Libero
Actividades y Ocio

Arte	Arte
Baseball	Béisbol
Basket	Baloncesto
Boxe	Boxeo
Calcio	Fútbol
Campeggio	Camping
Escursioni	Senderismo
Giardinaggio	Jardinería
Golf	Golf
Hobby	Aficiones
Immersione	Buceo
Nuoto	Natación
Pallavolo	Voleibol
Pesca	Pesca
Pittura	Pintura
Rilassante	Relajante
Shopping	Compras
Surf	Surf
Tennis	Tenis
Viaggio	Viaje

Avventura
Aventura

Amici	Amigos
Attività	Actividad
Bellezza	Belleza
Coraggio	Valentía
Destinazione	Destino
Difficoltà	Dificultad
Entusiasmo	Entusiasmo
Escursione	Excursión
Gioia	Alegría
Insolito	Inusual
Itinerario	Itinerario
Natura	Naturaleza
Navigazione	Navegación
Nuovo	Nuevo
Opportunità	Oportunidad
Pericoloso	Peligroso
Preparazione	Preparación
Sicurezza	Seguridad
Sorprendente	Sorprendente
Viaggi	Viajes

Balletto
Ballet

Abilità	Habilidad
Applauso	Aplauso
Artistico	Artístico
Ballerina	Bailarina
Ballerini	Bailarines
Compositore	Compositor
Coreografia	Coreografía
Espressivo	Expresivo
Gesto	Gesto
Grazioso	Agraciado
Intensità	Intensidad
Muscoli	Músculos
Musica	Música
Orchestra	Orquesta
Pratica	Práctica
Prova	Ensayo
Pubblico	Audiencia
Ritmo	Ritmo
Stile	Estilo
Tecnica	Técnica

Barbecue
Barbacoas

Caldo	Caliente
Cena	Cena
Cibo	Comida
Cipolle	Cebollas
Coltelli	Cuchillos
Estate	Verano
Fame	Hambre
Famiglia	Familia
Frutta	Fruta
Giochi	Juegos
Griglia	Parrilla
Insalate	Ensaladas
Invito	Invitación
Musica	Música
Pepe	Pimienta
Pollo	Pollo
Pomodori	Tomates
Pranzo	Almuerzo
Sale	Sal
Salsa	Salsa

Bellezza
Belleza

Colore	Color
Cosmetici	Cosméticos
Elegante	Elegante
Eleganza	Elegancia
Fascino	Encanto
Forbici	Tijeras
Fotogenico	Fotogénico
Fragranza	Fragancia
Grazia	Gracia
Mascara	Rímel
Oli	Aceites
Pelle	Piel
Prodotti	Productos
Profumo	Aroma
Riccioli	Rizos
Rossetto	Pintalabios
Servizi	Servicios
Shampoo	Champú
Specchio	Espejo
Stilista	Estilista

Biologia
Biología

Anatomia	Anatomía
Batteri	Bacterias
Cellula	Celda
Collagene	Colágeno
Cromosoma	Cromosoma
Embrione	Embrión
Enzima	Enzima
Evoluzione	Evolución
Fotosintesi	Fotosíntesis
Mammifero	Mamífero
Mutazione	Mutación
Naturale	Natural
Nervo	Nervio
Neurone	Neurona
Ormone	Hormona
Osmosi	Ósmosis
Proteina	Proteína
Rettile	Reptil
Simbiosi	Simbiosis
Sinapsi	Sinapsis

Caffè
Café

Acido	Ácido
Acqua	Agua
Amaro	Amargo
Aroma	Aroma
Arrostito	Asado
Bevanda	Bebida
Caffeina	Cafeína
Crema	Crema
Filtro	Filtro
Gusto	Sabor
Latte	Leche
Liquido	Líquido
Macinare	Moler
Mattina	Mañana
Nero	Negro
Origine	Origen
Prezzo	Precio
Tazza	Taza
Varietà	Variedad
Zucchero	Azúcar

Campeggio
Camping

Alberi	Árboles
Amaca	Hamaca
Animali	Animales
Avventura	Aventura
Bussola	Brújula
Cabina	Cabina
Caccia	Caza
Canoa	Canoa
Cappello	Sombrero
Corda	Cuerda
Divertimento	Diversión
Foresta	Bosque
Fuoco	Fuego
Insetto	Insecto
Lago	Lago
Luna	Luna
Mappa	Mapa
Montagna	Montaña
Natura	Naturaleza
Tenda	Carpa

Casa
Casa

Attico	Ático
Biblioteca	Biblioteca
Camera	Habitación
Camino	Chimenea
Chiavi	Llaves
Cucina	Cocina
Doccia	Ducha
Finestra	Ventana
Garage	Garaje
Giardino	Jardín
Lampada	Lámpara
Parete	Pared
Pavimento	Piso
Porta	Puerta
Recinto	Valla
Rubinetto	Grifo
Scopa	Escoba
Specchio	Espejo
Tappeto	Alfombra
Tetto	Techo

Chimica
Química

Acido	Ácido
Alcalino	Alcalino
Atomico	Atómico
Calore	Calor
Carbonio	Carbono
Catalizzatore	Catalizador
Cloro	Cloro
Elettrone	Electrón
Enzima	Enzima
Gas	Gas
Idrogeno	Hidrógeno
Ione	Ion
Liquido	Líquido
Molecola	Molécula
Nucleare	Nuclear
Organico	Orgánico
Ossigeno	Oxígeno
Peso	Peso
Sale	Sal
Temperatura	Temperatura

Cibo #1
Comida #1

Aglio	Ajo
Basilico	Albahaca
Cannella	Canela
Carne	Carne
Carota	Zanahoria
Cipolla	Cebolla
Fragola	Fresa
Insalata	Ensalada
Latte	Leche
Limone	Limón
Menta	Menta
Orzo	Cebada
Pera	Pera
Rapa	Nabo
Sale	Sal
Spinaci	Espinacas
Succo	Jugo
Tonno	Atún
Torta	Pastel
Zucchero	Azúcar

Cibo #2
Comida #2

Banana	Plátano
Broccolo	Brócoli
Ciliegia	Cereza
Cioccolato	Chocolate
Formaggio	Queso
Fungo	Seta
Grano	Trigo
Kiwi	Kiwi
Mela	Manzana
Melanzana	Berenjena
Pane	Pan
Pesce	Pescado
Pollo	Pollo
Pomodoro	Tomate
Prosciutto	Jamón
Riso	Arroz
Sedano	Apio
Uovo	Huevo
Uva	Uva
Yogurt	Yogur

Cioccolato
Chocolate

Amaro	Amargo
Antiossidante	Antioxidante
Arachidi	Cacahuetes
Aroma	Aroma
Artigianale	Artesanal
Cacao	Cacao
Calorie	Calorías
Caramello	Caramelo
Delizioso	Delicioso
Dolce	Dulce
Esotico	Exótico
Gusto	Gusto
Ingrediente	Ingrediente
Mangiare	Comer
Noce di Cocco	Coco
Polvere	Polvo
Preferito	Favorito
Qualità	Calidad
Ricetta	Receta
Zucchero	Azúcar

Città
Ciudad

Aeroporto	Aeropuerto
Banca	Banco
Biblioteca	Biblioteca
Cinema	Cine
Clinica	Clínica
Farmacia	Farmacia
Fiorista	Florista
Galleria	Galería
Hotel	Hotel
Libreria	Librería
Mercato	Mercado
Museo	Museo
Negozio	Tienda
Panetteria	Panadería
Scuola	Escuela
Stadio	Estadio
Supermercato	Supermercado
Teatro	Teatro
Università	Universidad
Zoo	Zoo

Corpo Umano
Cuerpo Humano

Bocca	Boca
Caviglia	Tobillo
Cervello	Cerebro
Collo	Cuello
Cuore	Corazón
Dito	Dedo
Faccia	Cara
Gamba	Pierna
Ginocchio	Rodilla
Gomito	Codo
Mano	Mano
Mento	Barbilla
Naso	Nariz
Occhio	Ojo
Orecchio	Oreja
Pelle	Piel
Sangue	Sangre
Spalla	Hombro
Stomaco	Estómago
Testa	Cabeza

Creatività
Creatividad

Abilità	Habilidad
Artistico	Artístico
Autenticità	Autenticidad
Chiarezza	Claridad
Drammatico	Dramático
Emozioni	Emociones
Espressione	Expresión
Fluidità	Fluidez
Idee	Ideas
Immaginazione	Imaginación
Immagine	Imagen
Impressione	Impresión
Intensità	Intensidad
Intuizione	Intuición
Inventivo	Inventivo
Ispirazione	Inspiración
Sensazione	Sensación
Spontaneo	Espontáneo
Visioni	Visiones
Vitalità	Vitalidad

Cucina
Cocina

Bacchette	Palillos
Bollitore	Caldera
Brocca	Jarra
Cibo	Comida
Ciotola	Tazón
Coltelli	Cuchillos
Congelatore	Congelador
Cucchiai	Cucharas
Forchette	Tenedores
Forno	Horno
Frigorifero	Refrigerador
Grembiule	Delantal
Griglia	Parrilla
Mestolo	Cucharón
Ricetta	Receta
Spezie	Especias
Spugna	Esponja
Tazze	Tazas
Tovagliolo	Servilleta
Vaso	Tarro

Danza
Baile

Accademia	Academia
Arte	Arte
Classico	Clásico
Compagno	Socio
Coreografia	Coreografía
Corpo	Cuerpo
Cultura	Cultura
Culturale	Cultural
Emozione	Emoción
Espressivo	Expresivo
Gioioso	Alegre
Grazia	Gracia
Movimento	Movimiento
Musica	Música
Postura	Postura
Prova	Ensayo
Ritmo	Ritmo
Salto	Saltar
Tradizionale	Tradicional
Visivo	Visual

Diplomazia
Diplomacia

Ambasciata	Embajada
Ambasciatore	Embajador
Cittadini	Ciudadanos
Civico	Cívico
Comunità	Comunidad
Conflitto	Conflicto
Consigliere	Asesor
Cooperazione	Cooperación
Diplomatico	Diplomático
Discussione	Discusión
Etica	Ética
Giustizia	Justicia
Governo	Gobierno
Integrità	Integridad
Politica	Política
Risoluzione	Resolución
Sicurezza	Seguridad
Soluzione	Solución
Trattato	Tratado
Umanitario	Humanitario

Discipline Scientifiche
Disciplinas Científicas

Anatomia	Anatomía
Archeologia	Arqueología
Astronomia	Astronomía
Biochimica	Bioquímica
Biologia	Biología
Botanica	Botánica
Chimica	Química
Ecologia	Ecología
Fisiologia	Fisiología
Geologia	Geología
Immunologia	Inmunología
Linguistica	Lingüística
Meccanica	Mecánica
Meteorologia	Meteorología
Mineralogia	Mineralogía
Neurologia	Neurología
Psicologia	Psicología
Sociologia	Sociología
Termodinamica	Termodinámica
Zoologia	Zoología

Ecologia
Ecología

Clima	Clima
Comunità	Comunidades
Diversità	Diversidad
Fauna	Fauna
Flora	Flora
Globale	Global
Habitat	Hábitat
Marino	Marino
Natura	Naturaleza
Naturale	Natural
Palude	Pantano
Piante	Plantas
Risorse	Recursos
Siccità	Sequía
Sopravvivenza	Supervivencia
Sostenibile	Sostenible
Specie	Especie
Varietà	Variedad
Vegetazione	Vegetación
Volontari	Voluntarios

Edifici
Edificios

Ambasciata	Embajada
Appartamento	Apartamento
Cabina	Cabina
Castello	Castillo
Cinema	Cine
Fabbrica	Fábrica
Fienile	Granero
Hotel	Hotel
Laboratorio	Laboratorio
Museo	Museo
Ospedale	Hospital
Osservatorio	Observatorio
Ostello	Albergue
Scuola	Escuela
Stadio	Estadio
Supermercato	Supermercado
Teatro	Teatro
Tenda	Carpa
Torre	Torre
Università	Universidad

Emozioni
Emociones

Amore	Amor
Beatitudine	Beatitud
Calma	Calma
Contenuto	Contenido
Eccitato	Emocionado
Gentilezza	Bondad
Gioia	Alegría
Grato	Agradecido
Imbarazzato	Avergonzado
Noia	Aburrimiento
Pace	Paz
Paura	Miedo
Rabbia	Ira
Rilassato	Relajado
Simpatia	Simpatía
Soddisfatto	Satisfecho
Sorpresa	Sorpresa
Tenerezza	Ternura
Tranquillità	Tranquilidad
Tristezza	Tristeza

Energia
Energía

Batteria	Batería
Benzina	Gasolina
Calore	Calor
Carbonio	Carbono
Carburante	Combustible
Diesel	Diesel
Elettrico	Eléctrico
Elettrone	Electrón
Entropia	Entropía
Fotone	Fotón
Idrogeno	Hidrógeno
Industria	Industria
Inquinamento	Contaminación
Motore	Motor
Nucleare	Nuclear
Rinnovabile	Renovable
Sole	Sol
Turbina	Turbina
Vapore	Vapor
Vento	Viento

Erboristeria
Herboristería

Aglio	Ajo
Aneto	Eneldo
Aromatico	Aromático
Basilico	Albahaca
Culinario	Culinario
Dragoncello	Estragón
Finocchio	Hinojo
Fiore	Flor
Giardino	Jardín
Ingrediente	Ingrediente
Lavanda	Lavanda
Maggiorana	Mejorana
Menta	Menta
Origano	Orégano
Prezzemolo	Perejil
Qualità	Calidad
Rosmarino	Romero
Timo	Tomillo
Verde	Verde
Zafferano	Azafrán

Escursionismo
Senderismo

Acqua	Agua
Animali	Animales
Campeggio	Camping
Clima	Clima
Guide	Guías
Mappa	Mapa
Montagna	Montaña
Natura	Naturaleza
Orientamento	Orientación
Parchi	Parques
Pesante	Pesado
Pietre	Piedras
Preparazione	Preparación
Scogliera	Acantilado
Selvaggio	Salvaje
Sole	Sol
Stanco	Cansado
Stivali	Botas
Vertice	Cumbre
Zanzare	Mosquitos

Etica
Ética

Altruismo	Altruismo
Benevolo	Benevolente
Compassione	Compasión
Cooperazione	Cooperación
Dignità	Dignidad
Diplomatico	Diplomático
Filosofia	Filosofía
Gentilezza	Bondad
Integrità	Integridad
Onestà	Honestidad
Ottimismo	Optimismo
Pazienza	Paciencia
Ragionevole	Razonable
Razionalità	Racionalidad
Realismo	Realismo
Rispettoso	Respetuoso
Saggezza	Sabiduría
Tolleranza	Tolerancia
Umanità	Humanidad
Valori	Valores

Famiglia
Familia

Antenato	Antepasado
Bambini	Niños
Bambino	Niño
Cugino	Primo
Figlia	Hija
Fratello	Hermano
Infanzia	Infancia
Madre	Madre
Marito	Marido
Materno	Materno
Moglie	Esposa
Nipote	Sobrino
Nipote	Nieto
Nonna	Abuela
Nonno	Abuelo
Padre	Padre
Paterno	Paterno
Sorella	Hermana
Zia	Tía
Zio	Tío

Fantascienza
Ciencia Ficción

Atomico	Atómico
Cinema	Cine
Distopia	Distopía
Esplosione	Explosión
Estremo	Extremo
Fantastico	Fantástico
Fuoco	Fuego
Futuristico	Futurista
Galassia	Galaxia
Illusione	Ilusión
Immaginario	Imaginario
Libri	Libros
Misterioso	Misterioso
Mondo	Mundo
Oracolo	Oráculo
Pianeta	Planeta
Realistico	Realista
Robot	Robots
Tecnologia	Tecnología
Utopia	Utopía

Fattoria #1

Granja #1

Acqua	Agua
Agricoltura	Agricultura
Ape	Abeja
Asino	Burro
Campo	Campo
Cane	Perro
Capra	Cabra
Cavallo	Caballo
Fertilizzante	Fertilizante
Fieno	Heno
Gatto	Gato
Gregge	Rebaño
Maiale	Cerdo
Miele	Miel
Mucca	Vaca
Pollo	Pollo
Recinto	Valla
Riso	Arroz
Semi	Semillas
Vitello	Ternero

Fattoria #2

Granja #2

Agnello	Cordero
Agricoltore	Agricultor
Alveare	Colmena
Anatra	Pato
Animali	Animales
Cibo	Comida
Fienile	Granero
Frutta	Fruta
Frutteto	Huerto
Grano	Trigo
Irrigazione	Riego
Lama	Llama
Latte	Leche
Mais	Maíz
Oche	Gansos
Orzo	Cebada
Pastore	Pastor
Pecora	Oveja
Prato	Prado
Trattore	Tractor

Filantropia

Filantropía

Bambini	Niños
Bisogno	Necesitar
Carità	Caridad
Comunità	Comunidad
Contatti	Contactos
Donare	Donar
Finanza	Finanzas
Fondi	Fondos
Generosità	Generosidad
Gioventù	Juventud
Globale	Global
Gruppi	Grupos
Missione	Misión
Obiettivi	Metas
Onestà	Honestidad
Persone	Gente
Programmi	Programas
Pubblico	Público
Storia	Historia
Umanità	Humanidad

Fiori

Flores

Gardenia	Gardenia
Gelsomino	Jazmín
Giglio	Lirio
Girasole	Girasol
Ibisco	Hibisco
Lavanda	Lavanda
Lilla	Lila
Magnolia	Magnolia
Margherita	Margarita
Mazzo	Ramo
Narciso	Narciso
Orchidea	Orquídea
Papavero	Amapola
Passiflora	Pasionaria
Peonia	Peonía
Petalo	Pétalo
Plumeria	Plumeria
Rosa	Rosa
Trifoglio	Trébol
Tulipano	Tulipán

Fisica

Física

Accelerazione	Aceleración
Atomo	Átomo
Caos	Caos
Chimico	Químico
Densità	Densidad
Elettrone	Electrón
Espansione	Expansión
Formula	Fórmula
Frequenza	Frecuencia
Gas	Gas
Gravità	Gravedad
Magnetismo	Magnetismo
Meccanica	Mecánica
Molecola	Molécula
Motore	Motor
Nucleare	Nuclear
Particella	Partícula
Relatività	Relatividad
Universale	Universal
Velocità	Velocidad

Foresta Pluviale

Selva Tropical

Anfibi	Anfibios
Botanico	Botánico
Clima	Clima
Comunità	Comunidad
Diversità	Diversidad
Giungla	Selva
Indigeno	Indígena
Insetti	Insectos
Mammiferi	Mamíferos
Muschio	Musgo
Natura	Naturaleza
Nuvole	Nubes
Preservazione	Preservación
Prezioso	Valioso
Restauro	Restauración
Rifugio	Refugio
Rispetto	Respeto
Sopravvivenza	Supervivencia
Specie	Especie
Uccelli	Pájaros

Forme
Formas

Angolo	Esquina
Arco	Arco
Bordi	Bordes
Cerchio	Círculo
Cilindro	Cilindro
Cono	Cono
Cubo	Cubo
Curva	Curva
Ellisse	Elipse
Iperbole	Hipérbola
Lato	Lado
Linea	Línea
Ovale	Oval
Piramide	Pirámide
Poligono	Polígono
Prisma	Prisma
Quadrato	Cuadrado
Rettangolo	Rectángulo
Sfera	Esfera
Triangolo	Triángulo

Forniture Artistiche
Suministros de Arte

Acqua	Agua
Acquerelli	Acuarelas
Acrilico	Acrílico
Argilla	Arcilla
Carbone	Carbón
Carta	Papel
Cavalletto	Caballete
Colla	Pegamento
Colori	Colores
Creatività	Creatividad
Gomma	Borrador
Idee	Ideas
Inchiostro	Tinta
Matite	Lápices
Olio	Aceite
Pastelli	Pasteles
Sedia	Silla
Spazzole	Cepillos
Tavolo	Mesa
Telecamera	Cámara

Forza e Gravità
Fuerza y Gravedad

Asse	Eje
Attrito	Fricción
Centro	Centro
Dinamico	Dinámico
Distanza	Distancia
Espansione	Expansión
Fisica	Física
Impatto	Impacto
Magnetismo	Magnetismo
Meccanica	Mecánica
Movimento	Movimiento
Orbita	Órbita
Peso	Peso
Pianeti	Planetas
Pressione	Presión
Proprietà	Propiedades
Slancio	Impulso
Tempo	Tiempo
Universale	Universal
Velocità	Velocidad

Frutta
Fruta

Albicocca	Albaricoque
Ananas	Piña
Arancia	Naranja
Avocado	Aguacate
Bacca	Baya
Banana	Plátano
Ciliegia	Cereza
Kiwi	Kiwi
Lampone	Frambuesa
Limone	Limón
Mango	Mango
Mela	Manzana
Melone	Melón
Mora	Mora
Nettarina	Nectarina
Papaia	Papaya
Pera	Pera
Pesca	Melocotón
Prugna	Ciruela
Uva	Uva

Geografia
Geografía

Altitudine	Altitud
Atlante	Atlas
Città	Ciudad
Continente	Continente
Emisfero	Hemisferio
Fiume	Río
Isola	Isla
Latitudine	Latitud
Longitudine	Longitud
Mappa	Mapa
Mare	Mar
Meridiano	Meridiano
Mondo	Mundo
Montagna	Montaña
Nord	Norte
Ovest	Oeste
Paese	País
Regione	Región
Sud	Sur
Territorio	Territorio

Geologia
Geología

Acido	Ácido
Altopiano	Meseta
Calcio	Calcio
Caverna	Caverna
Continente	Continente
Corallo	Coral
Cristalli	Cristales
Erosione	Erosión
Fossile	Fósil
Geyser	Géiser
Lava	Lava
Minerali	Minerales
Pietra	Piedra
Quarzo	Cuarzo
Sale	Sal
Stalagmiti	Estalagmitas
Stalattite	Estalactita
Strato	Capa
Terremoto	Terremoto
Vulcano	Volcán

Geometria
Geometría

Altezza	Altura
Angolo	Ángulo
Calcolo	Cálculo
Cerchio	Círculo
Curva	Curva
Diametro	Diámetro
Dimensione	Dimensión
Equazione	Ecuación
Logica	Lógica
Mediano	Mediana
Numero	Número
Orizzontale	Horizontal
Parallelo	Paralelo
Proporzione	Proporción
Segmento	Segmento
Simmetria	Simetría
Superficie	Superficie
Teoria	Teoría
Triangolo	Triángulo
Verticale	Vertical

Giardinaggio
Jardinería

Acqua	Agua
Botanico	Botánico
Clima	Clima
Commestibile	Comestible
Compost	Compost
Contenitore	Contenedor
Esotico	Exótico
Fiorire	Flor
Floreale	Floral
Foglia	Hoja
Fogliame	Follaje
Frutteto	Huerto
Mazzo	Ramo
Semi	Semillas
Specie	Especie
Sporco	Suciedad
Stagionale	Estacional
Suolo	Suelo
Tubo	Manguera
Umidità	Humedad

Giardino
Jardín

Albero	Árbol
Amaca	Hamaca
Cespuglio	Arbusto
Erba	Hierba
Erbacce	Malezas
Fiore	Flor
Frutteto	Huerto
Garage	Garaje
Giardino	Jardín
Pala	Pala
Panca	Banco
Prato	Césped
Rastrello	Rastrillo
Recinto	Valla
Stagno	Estanque
Suolo	Suelo
Terrazza	Terraza
Trampolino	Trampolín
Tubo	Manguera
Vite	Vid

Giorni e Mesi
Días y Meses

Agosto	Agosto
Anno	Año
Aprile	Abril
Calendario	Calendario
Dicembre	Diciembre
Domenica	Domingo
Febbraio	Febrero
Gennaio	Enero
Giugno	Junio
Luglio	Julio
Lunedì	Lunes
Martedì	Martes
Mercoledì	Miércoles
Mese	Mes
Novembre	Noviembre
Ottobre	Octubre
Sabato	Sábado
Settembre	Septiembre
Settimana	Semana
Venerdì	Viernes

Governo
Gobierno

Capo	Líder
Cittadinanza	Ciudadanía
Civile	Civil
Costituzione	Constitución
Democrazia	Democracia
Discorso	Discurso
Discussione	Discusión
Giudiziario	Judicial
Giustizia	Justicia
Indipendenza	Independencia
Legge	Ley
Libertà	Libertad
Monumento	Monumento
Nazionale	Nacional
Nazione	Nación
Politica	Política
Quartiere	Distrito
Simbolo	Símbolo
Stato	Estado
Uguaglianza	Igualdad

Guida
Conduciendo

Auto	Coche
Autobus	Autobús
Carburante	Combustible
Freni	Frenos
Garage	Garaje
Gas	Gas
Incidente	Accidente
Licenza	Licencia
Mappa	Mapa
Moto	Motocicleta
Motore	Motor
Pedonale	Peatonal
Pericolo	Peligro
Polizia	Policía
Sicurezza	Seguridad
Strada	Carretera
Traffico	Tráfico
Trasporto	Transporte
Tunnel	Túnel
Velocità	Velocidad

I Media
Los Medios de Comunicación

Commerciale	Comercial
Comunicazione	Comunicación
Digitale	Digital
Edizione	Edición
Educazione	Educación
Fatti	Hechos
Finanziamento	Financiación
Foto	Fotos
Giornali	Periódicos
Individuale	Individual
Industria	Industria
Intellettuale	Intelectual
Locale	Local
Online	En Línea
Opinione	Opinión
Pubblicità	Anuncios
Pubblico	Público
Radio	Radio
Rete	Red
Televisione	Televisión

Imbarcazioni
Barcos

Albero	Mástil
Ancora	Ancla
Barca a Vela	Velero
Boa	Boya
Canoa	Canoa
Corda	Cuerda
Equipaggio	Tripulación
Fiume	Río
Kayak	Kayak
Lago	Lago
Mare	Mar
Marea	Marea
Marinaio	Marinero
Motore	Motor
Nautico	Náutico
Oceano	Océano
Onde	Olas
Traghetto	Ferry
Yacht	Yate
Zattera	Balsa

Ingegneria
Ingeniería

Angolo	Ángulo
Asse	Eje
Calcolo	Cálculo
Costruzione	Construcción
Diagramma	Diagrama
Diametro	Diámetro
Diesel	Diesel
Distribuzione	Distribución
Energia	Energía
Forza	Fuerza
Ingranaggi	Engranajes
Liquido	Líquido
Macchina	Máquina
Misurazione	Medición
Motore	Motor
Profondità	Profundidad
Propulsione	Propulsión
Rotazione	Rotación
Stabilità	Estabilidad
Struttura	Estructura

Insetti
Insectos

Afide	Áfido
Ape	Abeja
Calabrone	Avispón
Cavalletta	Saltamontes
Cicala	Cigarra
Coccinella	Mariquita
Coleottero	Escarabajo
Falena	Polilla
Farfalla	Mariposa
Formica	Hormiga
Larva	Larva
Libellula	Libélula
Locusta	Langosta
Mantide	Mantis
Pulce	Pulga
Scarafaggio	Cucaracha
Termite	Termita
Verme	Gusano
Vespa	Avispa
Zanzara	Mosquito

Jazz
Jazz

Album	Álbum
Applauso	Aplauso
Artista	Artista
Canzone	Canción
Compositore	Compositor
Composizione	Composición
Concerto	Concierto
Enfasi	Énfasis
Famoso	Famoso
Genere	Género
Improvvisazione	Improvisación
Musica	Música
Nuovo	Nuevo
Orchestra	Orquesta
Preferiti	Favoritos
Ritmo	Ritmo
Stile	Estilo
Talento	Talento
Tecnica	Técnica
Vecchio	Viejo

L'Azienda
La Empresa

Creativo	Creativo
Decisione	Decisión
Globale	Global
Industria	Industria
Innovativo	Innovador
Investimento	Inversión
Occupazione	Empleo
Possibilità	Posibilidad
Presentazione	Presentación
Prodotto	Producto
Professionale	Profesional
Progresso	Progreso
Qualità	Calidad
Reddito	Ingresos
Reputazione	Reputación
Rischi	Riesgos
Risorse	Recursos
Salari	Salarios
Tendenze	Tendencias
Unità	Unidades

Letteratura
Literatura

Analisi	Análisis
Analogia	Analogía
Aneddoto	Anécdota
Autore	Autor
Biografia	Biografía
Conclusione	Conclusión
Confronto	Comparación
Descrizione	Descripción
Dialogo	Diálogo
Genere	Género
Metafora	Metáfora
Opinione	Opinión
Poesia	Poema
Poetico	Poético
Rima	Rima
Ritmo	Ritmo
Romanzo	Novela
Stile	Estilo
Tema	Tema
Tragedia	Tragedia

Libri
Libros

Autore	Autor
Avventura	Aventura
Collezione	Colección
Contesto	Contexto
Dualità	Dualidad
Epico	Epopeya
Inventivo	Inventivo
Letterario	Literario
Lettore	Lector
Narratore	Narrador
Pagina	Página
Poesia	Poesía
Rilevante	Pertinente
Romanzo	Novela
Scritto	Escrito
Serie	Serie
Storia	Historia
Storico	Histórico
Tragico	Trágico
Umoristico	Humorístico

Malattia
Enfermedad

Acuto	Agudo
Addominale	Abdominal
Allergie	Alergias
Benessere	Bienestar
Contagioso	Contagioso
Corpo	Cuerpo
Cronico	Crónica
Cuore	Corazón
Debole	Débil
Ereditario	Hereditario
Genetico	Genético
Immunità	Inmunidad
Infiammazione	Inflamación
Lombare	Lumbar
Neuropatia	Neuropatía
Polmonare	Pulmonar
Respiratorio	Respiratorio
Salute	Salud
Sindrome	Síndrome
Terapia	Terapia

Mammiferi
Mamíferos

Balena	Ballena
Cane	Perro
Canguro	Canguro
Cavallo	Caballo
Cervo	Ciervo
Coniglio	Conejo
Coyote	Coyote
Delfino	Delfín
Elefante	Elefante
Gatto	Gato
Giraffa	Jirafa
Gorilla	Gorila
Leone	León
Lupo	Lobo
Orso	Oso
Pecora	Oveja
Scimmia	Mono
Toro	Toro
Volpe	Zorro
Zebra	Cebra

Matematica
Matemáticas

Angoli	Ángulos
Aritmetica	Aritmética
Decimale	Decimal
Diametro	Diámetro
Divisione	División
Equazione	Ecuación
Esponente	Exponente
Frazione	Fracción
Geometria	Geometría
Parallelo	Paralelo
Parallelogramma	Paralelogramo
Perimetro	Perímetro
Poligono	Polígono
Quadrato	Cuadrado
Raggio	Radio
Rettangolo	Rectángulo
Simmetria	Simetría
Somma	Suma
Triangolo	Triángulo
Volume	Volumen

Meditazione
Meditación

Accettazione	Aceptación
Attenzione	Atención
Calma	Calma
Chiarezza	Claridad
Compassione	Compasión
Emozioni	Emociones
Gentilezza	Bondad
Gratitudine	Gratitud
Mentale	Mental
Mente	Mente
Movimento	Movimiento
Musica	Música
Natura	Naturaleza
Osservazione	Observación
Pace	Paz
Pensieri	Pensamientos
Postura	Postura
Prospettiva	Perspectiva
Respirazione	Respiración
Silenzio	Silencio

Misurazioni
Mediciones

Altezza	Altura
Byte	Byte
Centimetro	Centímetro
Chilogrammo	Kilogramo
Chilometro	Kilómetro
Decimale	Decimal
Grado	Grado
Grammo	Gramo
Larghezza	Ancho
Litro	Litro
Lunghezza	Longitud
Metro	Metro
Minuto	Minuto
Oncia	Onza
Peso	Peso
Pinta	Pinta
Pollice	Pulgada
Profondità	Profundidad
Tonnellata	Tonelada
Volume	Volumen

Mitologia
Mitología

Archetipo	Arquetipo
Creatura	Criatura
Creazione	Creación
Credenze	Creencias
Cultura	Cultura
Disastro	Desastre
Divinità	Deidades
Eroe	Héroe
Forza	Fuerza
Fulmine	Rayo
Gelosia	Celos
Guerriero	Guerrero
Immortalità	Inmortalidad
Labirinto	Laberinto
Leggenda	Leyenda
Magico	Mágico
Mortale	Mortal
Mostro	Monstruo
Tuono	Trueno
Vendetta	Venganza

Moda
Moda

Abbigliamento	Ropa
Boutique	Boutique
Caro	Caro
Elegante	Elegante
Minimalista	Minimalista
Misure	Mediciones
Modello	Patrón
Moderno	Moderno
Modesto	Modesto
Originale	Original
Pizzo	Encaje
Pratico	Práctico
Pulsanti	Botones
Ricamo	Bordado
Semplice	Sencillo
Sofisticato	Sofisticado
Stile	Estilo
Tendenza	Tendencia
Tessuto	Tejido
Trama	Textura

Musica
Música

Album	Álbum
Armonia	Armonía
Armonico	Armónico
Ballata	Balada
Cantante	Cantante
Cantare	Cantar
Classico	Clásico
Coro	Coro
Lirico	Lírico
Melodia	Melodía
Microfono	Micrófono
Musicale	Musical
Musicista	Músico
Opera	Ópera
Poetico	Poético
Registrazione	Grabación
Ritmico	Rítmico
Ritmo	Ritmo
Strumento	Instrumento
Vocale	Vocal

Natura
Naturaleza

Animali	Animales
Api	Abejas
Artico	Ártico
Bellezza	Belleza
Deserto	Desierto
Dinamico	Dinámico
Erosione	Erosión
Fiume	Río
Fogliame	Follaje
Foresta	Bosque
Ghiacciaio	Glaciar
Montagne	Montañas
Nebbia	Niebla
Nuvole	Nubes
Rifugio	Refugio
Santuario	Santuario
Selvaggio	Salvaje
Sereno	Sereno
Tropicale	Tropical
Vitale	Vital

Numeri
Números

Cinque	Cinco
Decimale	Decimal
Diciannove	Diecinueve
Diciassette	Diecisiete
Diciotto	Dieciocho
Dieci	Diez
Dodici	Doce
Due	Dos
Nove	Nueve
Otto	Ocho
Quattordici	Catorce
Quattro	Cuatro
Quindici	Quince
Sedici	Dieciséis
Sei	Seis
Sette	Siete
Tre	Tres
Tredici	Trece
Venti	Veinte
Zero	Cero

Nutrizione
Nutrición

Amaro	Amargo
Appetito	Apetito
Bilanciato	Equilibrado
Calorie	Calorías
Carboidrati	Carbohidratos
Commestibile	Comestible
Dieta	Dieta
Digestione	Digestión
Fermentazione	Fermentación
Liquidi	Líquidos
Nutriente	Nutriente
Peso	Peso
Proteine	Proteínas
Qualità	Calidad
Salsa	Salsa
Salute	Salud
Sano	Saludable
Spezie	Especias
Tossina	Toxina
Vitamina	Vitamina

Oceano
Océano

Anguilla	Anguila
Balena	Ballena
Barca	Barco
Corallo	Coral
Delfino	Delfín
Gamberetto	Camarón
Granchio	Cangrejo
Maree	Mareas
Medusa	Medusa
Onde	Olas
Ostrica	Ostra
Pesce	Pescado
Polpo	Pulpo
Sale	Sal
Scogliera	Arrecife
Spugna	Esponja
Squalo	Tiburón
Tartaruga	Tortuga
Tempesta	Tormenta
Tonno	Atún

Paesaggi
Paisajes

Cascata	Cascada
Collina	Colina
Deserto	Desierto
Fiume	Río
Geyser	Géiser
Ghiacciaio	Glaciar
Grotta	Cueva
Iceberg	Iceberg
Isola	Isla
Lago	Lago
Mare	Mar
Montagna	Montaña
Oasi	Oasis
Oceano	Océano
Palude	Pantano
Penisola	Península
Spiaggia	Playa
Tundra	Tundra
Valle	Valle
Vulcano	Volcán

Paesi #1
Países #1

Brasile	Brasil
Cambogia	Camboya
Canada	Canadá
Egitto	Egipto
Finlandia	Finlandia
Germania	Alemania
India	India
Iraq	Irak
Israele	Israel
Libia	Libia
Mali	Malí
Marocco	Marruecos
Norvegia	Noruega
Panama	Panamá
Polonia	Polonia
Romania	Rumania
Senegal	Senegal
Spagna	España
Venezuela	Venezuela
Vietnam	Vietnam

Paesi #2
Países #2

Albania	Albania
Danimarca	Dinamarca
Etiopia	Etiopía
Giamaica	Jamaica
Giappone	Japón
Grecia	Grecia
Haiti	Haití
Indonesia	Indonesia
Irlanda	Irlanda
Laos	Laos
Liberia	Liberia
Messico	México
Nepal	Nepal
Nigeria	Nigeria
Pakistan	Pakistán
Russia	Rusia
Siria	Siria
Sudan	Sudán
Ucraina	Ucrania
Uganda	Uganda

Piante
Plantas

Albero	Árbol
Bacca	Baya
Bambù	Bambú
Botanica	Botánica
Cactus	Cactus
Cespuglio	Arbusto
Crescere	Crecer
Edera	Hiedra
Erba	Hierba
Fagiolo	Frijol
Fertilizzante	Fertilizante
Fiore	Flor
Flora	Flora
Fogliame	Follaje
Foresta	Bosque
Giardino	Jardín
Muschio	Musgo
Petalo	Pétalo
Radice	Raíz
Vegetazione	Vegetación

Professioni #1
Profesiones #1

Allenatore	Entrenador
Ambasciatore	Embajador
Artista	Artista
Astronomo	Astrónomo
Avvocato	Abogado
Ballerino	Bailarín
Banchiere	Banquero
Cacciatore	Cazador
Cartografo	Cartógrafo
Editore	Editor
Farmacista	Farmacéutico
Geologo	Geólogo
Gioielliere	Joyero
Idraulico	Fontanero
Infermiera	Enfermera
Musicista	Músico
Pianista	Pianista
Psicologo	Psicólogo
Scienziato	Científico
Veterinario	Veterinario

Professioni #2
Profesiones #2

Astronauta	Astronauta
Bibliotecario	Bibliotecario
Biologo	Biólogo
Chirurgo	Cirujano
Dentista	Dentista
Detective	Detective
Filosofo	Filósofo
Fotografo	Fotógrafo
Giardiniere	Jardinero
Giornalista	Periodista
Illustratore	Ilustrador
Ingegnere	Ingeniero
Insegnante	Profesor
Inventore	Inventor
Linguista	Lingüista
Medico	Médico
Pilota	Piloto
Pittore	Pintor
Ricercatore	Investigador
Zoologo	Zoólogo

Psicologia
Psicología

Appuntamento	Cita
Clinico	Clínico
Cognizione	Cognición
Conflitto	Conflicto
Ego	Ego
Emozioni	Emociones
Esperienze	Experiencias
Idee	Ideas
Inconscio	Inconsciente
Infanzia	Infancia
Influenze	Influencias
Pensieri	Pensamientos
Percezione	Percepción
Personalità	Personalidad
Problema	Problema
Realtà	Realidad
Sensazione	Sensación
Subconscio	Subconsciente
Terapia	Terapia
Valutazione	Evaluación

Riscaldamento Globale
Calentamiento Global

Ambientale	Ambiental
Artico	Ártico
Attenzione	Atención
Clima	Clima
Crisi	Crisis
Dati	Datos
Energia	Energía
Futuro	Futuro
Gas	Gas
Generazioni	Generaciones
Governo	Gobierno
Habitat	Hábitats
Industria	Industria
Internazionale	Internacional
Legislazione	Legislación
Ora	Ahora
Popolazioni	Poblaciones
Scienziato	Científico
Sviluppo	Desarrollo
Temperature	Temperaturas

Ristorante #1
Restaurante #1

Allergia	Alergia
Caffè	Café
Cameriera	Camarera
Carne	Carne
Cassiere	Cajero
Cibo	Comida
Ciotola	Tazón
Coltello	Cuchillo
Cucina	Cocina
Dessert	Postre
Ingredienti	Ingredientes
Mangiare	Comer
Menù	Menú
Pane	Pan
Piatto	Plato
Piccante	Picante
Pollo	Pollo
Prenotazione	Reserva
Salsa	Salsa
Tovagliolo	Servilleta

Ristorante #2
Restaurante #2

Acqua	Agua
Aperitivo	Aperitivo
Bevanda	Bebida
Cameriere	Camarero
Cena	Cena
Cucchiaio	Cuchara
Delizioso	Delicioso
Forchetta	Tenedor
Frutta	Fruta
Ghiaccio	Hielo
Insalata	Ensalada
Minestra	Sopa
Pesce	Pescado
Pranzo	Almuerzo
Sale	Sal
Sedia	Silla
Spezie	Especias
Torta	Pastel
Uova	Huevos
Verdure	Verduras

Salute e Benessere #1

Salud y Bienestar #1

Abitudine	Hábito
Altezza	Altura
Attivo	Activo
Batteri	Bacterias
Clinica	Clínica
Fame	Hambre
Farmacia	Farmacia
Frattura	Fractura
Medicina	Medicina
Medico	Doctor
Muscoli	Músculos
Nervi	Nervios
Ormoni	Hormonas
Pelle	Piel
Postura	Postura
Riflesso	Reflejo
Rilassamento	Relajación
Terapia	Terapia
Trattamento	Tratamiento
Virus	Virus

Salute e Benessere #2

Salud y Bienestar #2

Allergia	Alergia
Anatomia	Anatomía
Appetito	Apetito
Caloria	Caloría
Corpo	Cuerpo
Dieta	Dieta
Digestione	Digestión
Energia	Energía
Genetica	Genética
Igiene	Higiene
Infezione	Infección
Malattia	Enfermedad
Massaggio	Masaje
Nutrizione	Nutrición
Ospedale	Hospital
Peso	Peso
Recupero	Recuperación
Sangue	Sangre
Sano	Saludable
Vitamina	Vitamina

Scienza

Ciencia

Atomo	Átomo
Chimico	Químico
Clima	Clima
Dati	Datos
Esperimento	Experimento
Evoluzione	Evolución
Fatto	Hecho
Fisica	Física
Fossile	Fósil
Gravità	Gravedad
Ipotesi	Hipótesis
Laboratorio	Laboratorio
Metodo	Método
Minerali	Minerales
Molecole	Moléculas
Natura	Naturaleza
Organismo	Organismo
Osservazione	Observación
Particelle	Partículas
Scienziato	Científico

Spezie

Especias

Aglio	Ajo
Amaro	Amargo
Anice	Anís
Cannella	Canela
Cardamomo	Cardamomo
Cipolla	Cebolla
Coriandolo	Cilantro
Cumino	Comino
Curcuma	Cúrcuma
Curry	Curry
Dolce	Dulce
Finocchio	Hinojo
Liquirizia	Regaliz
Noce Moscata	Nuez Moscada
Paprika	Pimentón
Pepe	Pimienta
Sale	Sal
Vaniglia	Vainilla
Zafferano	Azafrán
Zenzero	Jengibre

Sport

Deporte

Allenatore	Entrenador
Atleta	Atleta
Capacità	Capacidad
Ciclismo	Ciclismo
Corpo	Cuerpo
Danza	Baile
Dieta	Dieta
Forza	Fuerza
Massimizzare	Maximizar
Metabolico	Metabólico
Muscoli	Músculos
Nuotare	Nadar
Nutrizione	Nutrición
Obiettivo	Meta
Ossa	Huesos
Programma	Programa
Resistenza	Resistencia
Salute	Salud
Sportivo	Deportes
Stretching	Estiramiento

Strumenti Musicali

Instrumentos Musicales

Armonica	Armónica
Arpa	Arpa
Banjo	Banjo
Chitarra	Guitarra
Clarinetto	Clarinete
Fagotto	Fagot
Flauto	Flauta
Gong	Gong
Mandolino	Mandolina
Marimba	Marimba
Oboe	Oboe
Percussione	Percusión
Pianoforte	Piano
Sassofono	Saxofón
Tamburello	Pandereta
Tamburo	Tambor
Tromba	Trompeta
Trombone	Trombón
Violino	Violín
Violoncello	Violonchelo

Tempo
Tiempo

Anno	Año
Annuale	Anual
Calendario	Calendario
Decennio	Década
Dopo	Después
Futuro	Futuro
Giorno	Día
Ieri	Ayer
Mattina	Mañana
Mese	Mes
Mezzogiorno	Mediodía
Minuto	Minuto
Notte	Noche
Oggi	Hoy
Ora	Hora
Orologio	Reloj
Presto	Pronto
Prima	Antes
Secolo	Siglo
Settimana	Semana

Tipi di Capelli
Tipos de Cabello

Argento	Plata
Asciutto	Seco
Bianco	Blanco
Biondo	Rubio
Breve	Corto
Calvo	Calvo
Colorato	Coloreado
Grigio	Gris
Intrecciato	Trenzado
Lungo	Largo
Marrone	Marrón
Morbido	Suave
Nero	Negro
Ondulato	Ondulado
Riccio	Rizado
Riccioli	Rizos
Sano	Saludable
Sottile	Delgada
Spessore	Grueso
Trecce	Trenzas

Uccelli
Pájaros

Airone	Garza
Anatra	Pato
Aquila	Águila
Cicogna	Cigüeña
Cigno	Cisne
Cuculo	Cuco
Falco	Halcón
Fenicottero	Flamenco
Gabbiano	Gaviota
Oca	Ganso
Pappagallo	Loro
Passero	Gorrión
Pavone	Pavo Real
Pellicano	Pelícano
Piccione	Paloma
Pinguino	Pingüino
Pollo	Pollo
Struzzo	Avestruz
Tucano	Tucán
Uovo	Huevo

Vestiti
Ropa

Abito	Vestido
Braccialetto	Pulsera
Camicetta	Blusa
Camicia	Camisa
Cappello	Sombrero
Cappotto	Abrigo
Cintura	Cinturón
Collana	Collar
Giacca	Chaqueta
Gonna	Falda
Grembiule	Delantal
Guanti	Guantes
Jeans	Jeans
Maglione	Suéter
Moda	Moda
Pantaloni	Pantalones
Pigiama	Pijama
Sandali	Sandalias
Scarpa	Zapato
Sciarpa	Bufanda

Congratulazioni

Ce l'hai fatta!

Speriamo che questo libro vi sia piaciuto tanto quanto a noi è piaciuto concepirlo. Ci sforziamo di creare libri della più alta qualità possibile.
Questa edizione è progettata per fornire un apprendimento intelligente, di qualità e divertente!

Le è piaciuto questo libro?

Una Semplice Richiesta

Questi libri esistono grazie alle recensioni che pubblicate.

Puoi aiutarci lasciando una recensione
ora a questo link ?

BestBooksActivity.com/Recensioni50

SFIDA FINALE!

Sfida n°1

Sei pronto per il tuo gioco gratuito? Li usiamo sempre, ma non sono così facili da trovare - ecco i **Sinonimi!**
Scrivi 5 parole che hai trovato nei puzzle (n° 21, n° 36, n° 76) e prova a trovare 2 sinonimi per ogni parola.

Scrivi 5 parole del ***Puzzle 21***

Parole	Sinonimo 1	Sinonimo 2

Scrivi 5 parole del ***Puzzle 36***

Parole	Sinonimo 1	Sinonimo 2

Scrivi 5 parole del ***Puzzle 76***

Parole	Sinonimo 1	Sinonimo 2

Sfida n°2

Ora che ti sei riscaldato, scrivi 5 parole che hai trovato nei puzzle n° 9, n° 17 e n° 25 e cerca di trovare 2 contrari per ogni parola. Quanti ne puoi trovare in 20 minuti?

Scrivi 5 parole del ***Puzzle 9***

Parole	Antonimo 1	Antonimo 2

Scrivi 5 parole del ***Puzzle 17***

Parole	Antonimo 1	Antonimo 2

Scrivi 5 parole del ***Puzzle 25***

Parole	Antonimo 1	Antonimo 2

Sfida n°3

Grande! Questa sfida  non è niente per te!

Pronto per la sfida finale? Scegli 10 parole che hai scoperto nei diversi puzzle e scrivile qui sotto.

1.	6.
2.	7.
3.	8.
4.	9.
5.	10.

Ora scrivi un testo pensando a una persona, un animale o un luogo che ti piace.

Puoi usare l'ultima pagina di questo libro come bozza.

La tua composizione:

TACCUINO:

A PRESTO!

Tutta la Squadra

www.ingramcontent.com/pod-product-compliance
Lightning Source LLC
Chambersburg PA
CBHW082055120626
46553CB00011B/3411